デジタル・メディア・ブランディング

消費生活者起点のマーケティング・コミュニケーション

山本ひとみ
大島一豊［編著］
山本誠一

中央経済社

はしがき

本書の目的は，大学生向けの教科書である。学生たちが卒業してから実社会で活用できるよう，時代の変化とともに近未来も視野に入れて，5～10年は使用できる内容を目指した。

現代はデジタル技術を用いてメディアを共有し，AI（Artificial Intelligence：人工知能）を駆使したテクノロジーが急速に発展している。本書を活用する学生たちは，生まれた時からインターネット社会で育っているため，このような現象は当たり前の感覚を持っているが，ここに至るまでのプロセスや構造を理解する機会はあまりないと思われる。したがって現代の現象面だけを理解するのではなく，メディア・ブランディングにおける，基本的なマーケティング知識とメディアの歴史的背景となるプロセスや構造を理解し，そこから未来を予測していける能力を身につけていただきたいと考えている。

そこで本書では，1997年からスタートしたシリーズ本「次世代MBAシリーズ5冊（1997～2001）」と，その改訂版となる「新世代ブランディングシリーズ4冊(2010～2012)」を継承した考え方でまとめている。特に『企業ブランディング－新世代マーケティング』と『メディア・ブランディング－新世代メディア・コミュニケーション』を核として，「消費生活者起点」を基盤に，未来型メディア産業の方向性をまとめている。

まず本書のタイトルだが，『デジタル・メディア・ブランディング』とし，サブタイトルを，「消費生活者起点のマーケティング・コミュニケーション」とした。またサブタイトルでは，あえて「消費生活者起点」という言葉を使用している。これは，ものを購入，消費するというだけでなく，生活者という暮らしやライフスタイルを構築する人という意味合いを強調しているからである。したがって本書では，消費生活者のとらえ方を，単に世代や所得でクラスター分析するのではなく，生活文化度やライフスタイル感性といった視点で分析している。

以上のような考え方を重視しながら，最初の序章で「なぜ，いまデジタル・メディア・ブランディングなのか」をまとめている。「なぜ，いま…」の章は，ブランディングシリーズでは恒例になっているため，本書でも引き継いでいくことにした。

さて，本書は4部構成でまとめている。

第Ⅰ部は「マーケティングの本質とその進化」と題して，経営の基本を理解するための基礎知識となるマーケティングについて解説している。ここではまず，マーケティングとは何かといった基礎的知識から解説し，そのマーケティング戦略の進化過程に基づいてこれからのあり方を解説している。
第1章は「マーケティングの本質」，第2章は「進化するマーケティング戦略」，第3章は「現在のマーケティング戦略の概念」，第4章は「これからのマーケティング戦略」を取り上げている。

第Ⅱ部の「消費生活者起点のコミュニケーション・デザイン」は，消費生活者起点の概念となるものである。ここでは，生活文化度視点で消費生活者をとらえる重要性をまとめ，ライフスタイル感性や世代別消費生活者特性を生活文化度分類に適用して説明している。第5章は「生活文化構造と生活文化度」で生活文化度の概念をまとめ，第6章では「デジタル時代の消費生活者行動」，第7章で「世代別消費生活者特性」を説明し，第8章の「生活文化度でとらえるコミュニケーション・デザイン」で具体的事例を取り上げている。

第Ⅲ部では「ICTの進化とメディア・コミュニケーション」を取り上げている。ここでは，第Ⅰ部のマーケティング概念，第Ⅱ部の消費生活者起点概念を基盤として，近年急速に進化を遂げているテクノロジーが，具体的にどのように進化しコミュニケーション戦略として実践されているかを説明している。
第9章はメディアの歴史的背景を解説した「メディアの変遷」，第10章は「スマートフォンの普及と消費スタイルの変化」に着目，第11章では「ハイブリッド時代のコミュニケーション戦略」，第12章は「メディア・コミュニケーションの未来」を取り上げている。

第Ⅳ部は，学生たちが第Ⅰ部，第Ⅱ部，第Ⅲ部を理論的に理解した後，経営者視点でとらえることが出来るようにまとめたものである。ここでは，デザイン経営視点で「メディア＆デザイン・マネジメントの展望」を取り上げている。第 13 章は，消費生活者にダイレクトにアプローチする時代に，具体的な訴求内容となるコンテンツの考え方を取り上げて「デジタル時代の経験価値を高めるメディア＆コンテンツ」をまとめている。第 14 章は，近未来につながる現代のメディア・コミュニケーションの実践例を取り上げて「消費生活者との関係性に注目したコミュニケーション・デザイン」を説明している。第 15 章は，「デザイン経営の階層モデル 2.0（マーケティングとデザインの知識融合）」をまとめている。

以上が本書の概要説明である。大学の講義では「マーケティング・コミュニケーション」のような科目で使用するのが適切であるが，経営分野でのマーケティングやブランディング，マネジメント系の科目でも活用していただけると幸いである。

なお本書の図表は各筆者が考案したものだが，全体のイメージ統一を図るため，鶴鉄雄先生にすべてデザインしていただいた。

またこのシリーズ本を制作する上で，リーダーとしてご尽力くださった「菅原正博先生」が 2022 年 2 月 12 日に永眠された。そこで 1997 年から 26 年もの歴史的基盤を構築されてきた功績を，菅原正博先生を敬愛する研究仲間で継承していこうという志で，このたび本書の研究を始めた。したがって追悼の意味も込めて，菅原正博先生のフレームワークを踏襲しながら，新しい書き下ろしとして新刊を世に出すことができた。

最後に，本書をまとめるにあたっていつも暖かいご支援をいただいた中央経済社の納見伸之氏に心から謝意を表したい。

令和 5 年 11 月

執筆者を代表して　**山本ひとみ**

目　次

第Ⅱ部　消費生活者起点のコミュニケーション・デザイン

第Ⅲ部　ICT の進化とメディア・コミュニケーション

序章■なぜ，いまデジタル・メディア・ブランディングなのか？

1　ブランディング研究の進化過程

1995年から2000年にかけて，それまでの流通企業の理論的基盤が大きく変化しつつあるのを察知して，次世代流通企業研究会が中心になって「次世代マーケティング･シリーズ」を編集した。それから10年が経過し，マーケティングの研究の重点がブランディング研究のほうに移行し始めたために，その新しい流れを「次世代シリーズ」と区別して「新世代シリーズ」として編集に取り組んだ。その新世代シリーズの第1弾が『企業ブランディング－新世代マーケティング』であり，第2弾が『リテール･ブランディング－新世代流通企業』であり，第3弾が『コミュニティ・ブランディング－新世代ショッピング・センター』で，第4弾が『メディア・ブランディング－新世代メディア・コミュニケーション』である。1)

この新世代シリーズからさらに十数年が経過した現代では，メディア産業の社会化が起こり，ソーシャル・メディア・ブランディングの時代が到来した。インターネットの普及とともに，スマートフォンやタブレットといったモバイル・デバイスが急速に進化し，消費生活者のコミュニケーションのあり方が大きく変容したのである。

また近年では，デジタル技術を用いてメディアを共有し，AI（Artificial Intelligence：人工知能）を駆使したテクノロジーが急速に発展している。したがって企業が「マス」ではなく「個」の消費生活者にパーソナルに対応していくことが可能になり，ダイレクトにブランディング訴求していくことができるようになった。つまりデジタル主体のコミュニケーション方法で，消費生活者のニーズを，AI 分析により詳細に把握することができるようになったということである。

本書ではこのような「消費生活者起点」のマーケティング・コミュニケーションを「デジタル・メディア・ブランディング」と呼び，2030 年に向けての方向性をまとめている。図表序-1 は，このブランディング研究の進化過程を示したものである。

図表序-1　ブランディング研究の進化過程

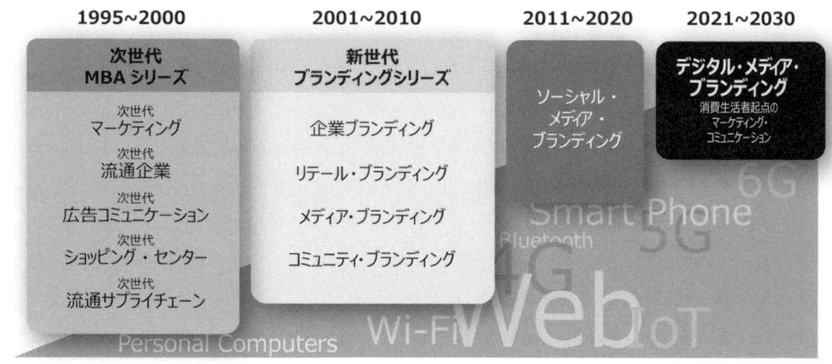

出所：『メディア・ブランディング－新世代メディア・コミュニケーション』p.2　図表序-1菅原作成をもとに山本ひとみが作成

2　ブランディングのイノベーション

この「デジタル・メディア・ブランディング」に到達するまでには，積極的にアダプティブ・イノベーション（Adaptive Innovation：適応的革新）をおこなってきた。これは市場の変化に適応しようとして，積極的に適応的社会改革をおこなうことであり，企業は適応性のある技術革新が必要となる。

このアダプティブ・イノベーションは，コロナ禍により急速に求められ，企業や消費生活者は，今までの常識を打破しなければ適応していけなくなった。

そのためデジタル化が急速に進化し，この２～３年という短期間で大きなイノベーションが起きた。

図表序-2は，旧ノーマル時代から新ノーマル時代への変容に基づいて，ブランディングのイノベーション変遷をまとめたものである。横軸に示している項目は旧ノーマル時代と新ノーマル時代の年度を示しており，縦軸項目は，ブランディング，チャネル，消費志向，メディア，流通企業マネジメント，人材の６つの視点でまとめている。

図表序-2　ブランディングのイノベーション変遷

	旧ノーマル		新ノーマル
年度	2000年~2010年	2010年~2020年	2020年~2030年
ブランディング	リテール ＆ コミュニティ	ソーシャル・メディア	デジタル・メディア
チャネル	B to C Business to Consumer 企業と個人の取引	B to C to C Business to Consumer to Consumer	D to C Direct to Consumer 製造直販モデル
消費志向	値ごろ志向 買うのにちょうどよい値段	プライスレス志向 お金では買えない価値	感性価値志向 ワクワクする感動や共感の価値
メディア	マスメディア 新聞・雑誌・ラジオ・テレビ・映画	オムニメディア アナログとデジタルの組み合わせ	パーソナルメディア デジタル中心
流通企業マネジメント	リテール 小売（百貨店・スーパー・コンビニ等）	EC Electronic Commerce（アマゾン等）	DX Digital Transformation（デジタル変革）
人材	マーケター CCO： Chief Communication Officer	チーフオフィサー CMO： Chief Marketing Officer	チーフデジタルオフィサー CDMO： Chief Digital Marketing Officer

出所：山本ひとみ作成

まず2000年～2010年は，リテール＆コミュニティ・ブランディングの時代であった。この時代のイノベーションは，製造小売業といったビジネスモデルの誕生である。これは製造企業が店舗機能を持ち「リテール化」したり，逆に従来のリテール企業が，直接製造メーカーの機能をもつというものである。販売チャネルは，B to C（Business to Consumer）であるが，この仕組みができるまでは，製造企業を経由して小売店で販売するというB to B to C(Business to Business to Consumer）の流通過程が主流だったため，顧客のニーズにマッチした商品を提供することが難しかった。したがって，顧客の声をリアルにとらえ，「買物客」に接近した位置にあるビジネスモデルを構築することが求められた。さらに便利な買物行動ができるように，商店街やショッピングセンターといったリテール機能の集積地を開発していくことが，リテール&コミュニティ・ブランディングの考え方である。

したがってメディア戦略の考え方は，マスメディアを核としたIMC（Integrated Marketing Communication）が重要視された。このIMCとは，インターネットメディア，マスメディア，リアル店舗といった顧客と接点をつなぐコンタクトポイントすべてにおいてブランドイメージを共通化させる統合的マーケティング・コミュニケーション戦略である。

またこの時代は,「パブリシティ・ファースト」「アドバタイジング・セカンド」という形で，企業の組織コミュニケーションとしてはパブリックリレーションおよびコーポレート・コミュニケーションが重要視されるようになり，CCO（Chief Communication Officer）が注目された。

2010年〜2020年は, ソーシャル・メディア・ブランディングの時代であった。この時代のイノベーションは, SNS（Social Networking Service）の登場である。インターネットの普及とともに，X（旧Twitter），Instagramといった消費生活者と消費生活者，企業と消費生活者といった双方向性のコミュニケーションが可能になった。

したがって，モバイルテクノロジーの発展に伴う消費に対する新しい価値創造が生まれ，買い物プロセスだけでなく買った後のフォローまで考えたマーケティング戦略が重要視された。つまり，いつでもどこでも常につながり続けることができるようになったため，流通企業はリテールビジネスと同時に，ECビジネスを構築し，オムニチャネル化を図ることが求められた。オムニチャネルとはすべての経路・道筋のことで，顧客と接点を持つコンタクトポイントすべてを統合することである。したがって，ここではオムニチャネル＝オムニメディアとして解釈する。このオムニメディアを基盤とした双方向性のコミュニケーション構築がソーシャル・メディア・ブランディングの考え方であり，企業ではCMO（Chief Marketing Officer）がその業務の責任をもっていた。

2020年〜2030年は，デジタル・メディア・ブランディングの時代である。

2019年12月に中国湖北省武漢市で新型コロナウイルスが発生し，2020年1月に日本に上陸したことは記憶に新しいが，この新型コロナウイルス感染拡大により，世界中の人々の生活が一変した。企業や消費生活者は，今までの常識を打破しなければ社会に適応できなかったため，感染防止対策として急速にデジタル化が進化した。

この時代のイノベーションは，AIを駆使したテクノロジーの進化で，新ノーマル時代と呼ばれている。流通企業では技術革新が急ピッチでおこなわれ，AIを導入したEC販売が充実し，「マス」ではなく「個」の顧客にパーソナルに対応していくことが可能となった。そこで注目されたのが，D to C（Direct to Consumer）である。D to Cとは製造直販のことで，デジタル主体の販売方法である。インターネットを通じて個別の顧客に直接対応するためニーズを把握しやすく，その顧客が望むものを直接PRすることができる。つまり一人ひとりの顧客データを分析して，製品開発をしていくことができる価値志向のマーケティングが可能となるわけである。この考え方がデジタル・メディア・ブランディングであり，第1の要因は，消費生活者起点で人を中心に価値づくりをしていくことである。

そのためには，人間が感じとるイメージ感性や生活感性といった情緒的感性を見える化し，デジタル・メディアを通じて，いかに個人の感性体験価値を分析していくかが重要となる。つまり個別の顧客情報を収集し，AIを活用して分析しながらビジネスモデルを構築していくといった，人間とAIとの融合バランスを整えていくことである。さらに，ブランドを支えるすべてのステークホルダーと情報共有し一元化を図っていくDX（Digital Transformation）の推進も重要である。

DXとは「企業がビジネス環境の激しい変化に対応し，データとデジタル技術を活用して，顧客や社会のニーズを基に，製品やサービス，ビジネスモデルを変革するとともに，業務そのものや，組織，プロセス，企業文化・風土を変革し，競争上の優位性を確立すること」と経済産業省では定義を明記している。[2)] これらの業務を遂行するには，デジタル戦略に長けたCDMO（Chief

Digital Marketing Officer）の存在が不可欠で，デザイン経営思想が必要とされる。

3　メディア・ブランディング体系

本書でのメディア・ブランディング体系は，2012年に刊行した『メディア・ブランディング－新世代メディア・コミュニケーション』をもとに再整理している。図表序-3は，再整理したメディア・ブランディング体系の基本分類を示したものである。企業のコミュニケーション目的に応じた分類をもとに，4つのメディア・ブランディングに区分けしており，この分類基準は，以下の2つである。

縦軸は，メディア特性が「一方向的メディア」か「双方向的メディア」かである。この基準は,「インサイドアウトメディア」か「アウトサイドインメディア」かという基準とも併用して用いている。

横軸は，コミュニケーション目的に応じて「知識変容」「態度変容」「行動変容」のいずれであるかである。

以上のような分類に基づき，それぞれ分類したメディア・ブランディング概要を解説する。

図表序-3　メディア・ブランディング体系の基本分類

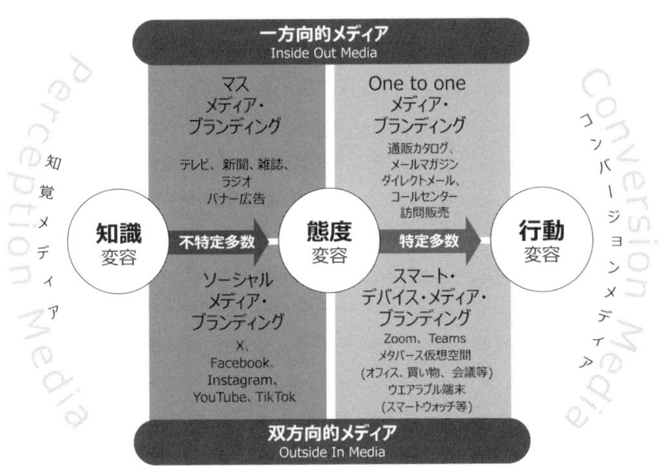

出所：『メディア・ブランディング－新世代メディア・コミュニケーション』p.6　図表序-4菅原作成をもとに山本ひとみが作成

1．マスメディア・ブランディング

まず，マスメディア・ブランディングは，「一方通行的メディア」で「知識変容」「態度変容」という領域に属する。これは「不特定多数」とコミュニケーションするには最も効果的なメディア領域である。

このマスメディアは，テレビ，新聞，ラジオ，雑誌等の他にインターネットでのバナー広告も含まれるが，現代では，このマスメディアからインターネットメディアに誘導していく手法が主流となっている。

2．One to one メディア・ブランディング

One to one メディア・ブランディングは，「一方向的メディア」であるが「態度変容」「行動変容」領域に重点を置いている。これは個々の消費生活者に個別に対応し，購買・来店（行動変容）などに結びつくようにモチベーションを高める役目を果たしている。

いわゆる資料請求や購入などのコンバージョンアップを目的に，個々の消費

生活者に直接パーソナルに働きかけるメディア・ブランディングである。通販カタログ，ダイレクトメール，メールマガジンなどが代表的であるが，コールセンターのように，電話を活用するパーソナルなメディアもあれば，直接，人が訪問販売を通じてコミュニケーション（この場合，人をメディアと捉える）を図るメディアも，この領域に含まれる。

3．ソーシャル・メディア・ブランディング

X（旧 Twitter）や Instagram に代表されるソーシャル・メディア・ブランディングは，インターネット上に存在するプラットフォームの役割を果たしている。現在では，「双方向性」を重視するコミュニティ形成中心のメディアだけでなく，YouTube や TikTok といった動画配信も注目されている。今まではビジネス的な対話よりも，友達・知人や日常の生活に関する対話が主体で，どちらかといえば，社会的な絆づくりにとって有効であったが，近年では，従来の広告が意図している商品説明やブランドの認知度の向上といった機能としても活用されるケースが多くなってきた。主に人気インスタグラマーやユーチューバーが，パブリシティ的な要素で配信する手法が効果的であるが，アート感のあるハイクオリティな動画コンテンツも注目を集めている。

4．スマート・デバイス・メディア・ブランディング

スマート・デバイス・メディア・ブランディングとは，スマートフォンやタブレット，ウエアラブルなどデジタル化された数々のデバイス（端末）と関連するメディアで，オンデマンド性と双方向性を重視したものである。自宅のテレビと関連付けたスマートテレビなどはその代表例である。

また，多面的な映像や音声など豊富なコンテンツが使用できるメディアであるため，プレゼンテーション的な使い方とともに，電子書籍や電子マネーなどとも関連付けられ，消費生活者の生活スタイルやワークスタイルがデジタル化している。実際，Zoom，Teams などで友人と会話を楽しんだり，仕事で会議をおこなうことは当たり前になった。

近年では，仮想空間でオフィスに出勤したり，買い物に出かけたりするメタバースといったことがおこなわれており，今後拡大していくものと思われる。

以上，2012年に発行した『メディア・ブランディング－新世代メディア・コミュニケーション』の概念を継承しながら，この序章で再整理したことで，本書の理解を深めていただけたらと考える。

注

1)　菅原正博，山本ひとみ，大島一豊 [2012]『メディア・ブランディング－新世代メディア・コミュニケーション』p.1 より引用

2)　経済産業省 [2019]「DX 推進指標とそのガイダンス　令和元年 7 月　経済産業省」p.1 より引用　https://www.meti.go.jp/press/2019/07/20190731003/20190731003-1.pdf　閲覧日 2023 年 3 月 14 日

・参考文献

朝日新聞 DIGITAL「新型コロナウイルス感染　日本の 1 年」https://www.asahi.com/special/corona/japan-yearly/　閲覧日 2023 年 3 月 14 日

角間実 [2021]『顧客をつかんで離さない D2C の教科書』フォレスト出版

亀田重幸，進藤圭 [2020]『いちばんやさしい DX の教本』インプレス

経済産業省 [2019]「「DX 推進指標」とそのガイダンス　令和元年 7 月　経済産業省」https://www.meti.go.jp/press/2019/07/20190731003/20190731003-1.pdf　閲覧日 2023 年 3 月 14 日

厚生労働省検疫所　FORTH　https://www.forth.go.jp/topics/20200117.html　閲覧日 2023 年 3 月 14 日

佐宗邦威 [2020]『世界のトップデザインスクールが教えるデザイン思考の授業』日経 BP 日本経済新聞出版本部

菅原正博，山本ひとみ，大島一豊 [2012]『メディア・ブランディング－新世代メディア・コミュニケーション』中央経済社

第Ⅰ部

マーケティングの本質とその進化

第１章■マーケティングの本質

1　経営とマーケティング

そもそも経営するとはどういうことか。デジタル大辞泉（小学館）によれば「1．事業目的を達成するために，継続的・計画的に意思決定を行って実行に移し，事業を管理・遂行すること。また，そのための組織体。「会社を経営する」。2．政治や公的な行事などについて，その運営を計画し実行すること。「国家の経営」。3．測量して，建物をつくること。4．物事の準備や人の接待などにつとめはげむこと。5．急ぎあわてること」とある。企業の事業目的やその方針は企業においてさまざまである。一般的に企業を経営するとは，企業の目的や目標を定め，資源や人的要素，企業にかかわるあらゆるものを最適化して，組織の利益を最大化することであるといわれる。しかし，企業経営は利益の最大化だけが目的なのか。

企業の目的を達成するというその目的とはなにか。企業によって目的はさまざまであるが，共通する重要な点がある（図表1-1）。

それは，

1. 経営者の理念を実現する

2. 仕事を通じて，社会に貢献すること（そのために社会的価値を創造する）

3. 仕事を通じて，社員を守り幸せにすること

4. 利益を出すこと（企業が継続するための手段として必要なもの）

である。

図表1-1　経営の目的

➤ **企業経営**とは、
1. 経営者の**理念**を実現する
2. 仕事を通じて、社会に**貢献**すること
（そのために社会的価値を**創造**する）
3. 仕事を通じて、社員を守り**幸せ**にすること
4. **利益**を出すこと
（企業が**継続**するための手段として必要なもの）

出所：山本誠一作成

この４つはどのような企業においても重要な目的であるが，最も重要なのが利益を出すことである。決して売上を上げることではない。利益が出なければ，経営者の理念を実現することは不可能となり，社会に貢献することも困難になり，社員を幸せにもできない。どうすれば利益が上がるか，しかも継続的に利益を上げ続けるにはどうすればいいか。

これは企業におけるあらゆる経営資源（内部，外部）を総合的，統合的に最適化することで生まれるものである。しかし，総合的，統合的に最適化といっても具体的にはどうすればいいのか。組織，人材，技術・情報，財産資源，仕入れ取引先，顧客，地域社会など企業に関わるあらゆるものを調整する必要がある。

一般的には，企業経営における利益管理では営業利益を指標とする場合が多い。営業利益とは，企業が主として行う事業から生み出される利益のことで，売上から売上原価と販売費及び一般管理費を差し引くことで算出される利益のことを指す。

取引する商品・製品，サービスの単価を上げる，取引数量を上げる，あるい

は売上原価を下げる，一般管理費を下げることでこの営業利益は上がるが，一般的には取引する商品・製品，サービスの取引数量を上げることに注力することになる。企業経営やマーケティングを説明する上では，この取引する商品・製品，サービスの取引数量を上げることを目的にすることが多く，企業活動もどうすれば取引数量を上げることができるのかを中心に進めることが多かった。

企業経営を進める中で，どうすれば数量を上げられるのかということについて効果的に進めるためには，企業の内部・外部においてそれぞれ目標を設定し，施策を考えて実行し，その結果を検証することを繰り返す必要がある。これがPDCAサイクル（PLAN 計画する→ DO 行動する→ CHECK 評価する→ ACTION 改善する）である（図表 1-2）。

図表1-2　PDCAサイクル

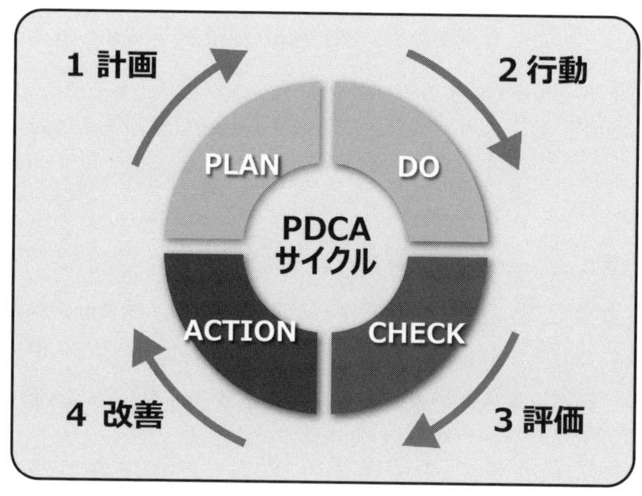

出所：山本誠一作成

経営においてはPLAN，計画することからはじまるが，これが事業計画であり，スタートアップ企業から100年企業までどんな企業においても重要である。計画する上では，しっかりと分析してから計画することは当然であり，経営においては欠くことのできない要素である。

そもそもマーケティングは，調査・リサーチであり，分析であるという考えが未だに存在する。調査することはとても重要で，分析したデータを統計的に見ることで多くの気づきが得られる。

分析のフレームワークも多数存在し，３Ｃ／４Ｃ分析，SWOT 分析，５ forces 分析など多数の分析ツールが存在する（図表 1-3)。

分析はマーケティングには欠くことのできないプロセスではあるが，分析だけでは戦略の考え方や方向性は見えてこないためマーケティングそのものではない。

図表1-3　分析のフレームワーク例

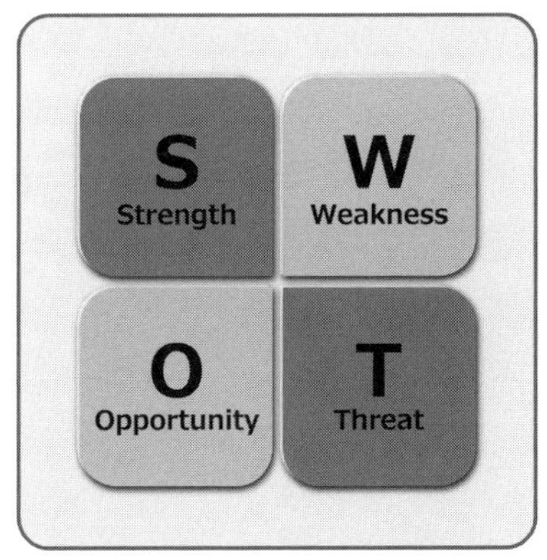

出所：山本誠一作成

次にロジカルに十分分析（もれなく，ダブりなく，包括的に）ができたならば，分析結果から経営戦略の柱となる戦略の考え方，方向性を決めていくことが必要となる。戦略の方向性が確定したら，それを素早く実行する（DO）必要がある。そして実行しながらその結果を評価する（CHECK）必要があるのは，いうまでもない。さらに評価した上で改善策も必ず出てくる（ACTION)。経営は常にこの PDCA サイクルで回っている。

では，なぜ PDCA サイクルを単純に１回回して終わりではなく，継続的に繰り返す必要があるのか。目的を達成する上で計画通りにいかないことはしばしばある。特に現代社会では取り巻く環境が，大きくそしてどんどん変化している中，計画の見直しから，新しい施策や企画を検討することもしばしばある。すなわち企業経営を行う上で，目的を達成するためには変化に対応し続けることがとても重要なことがわかる。対応できなければ市場からの退場という結果につながる。

企業を経営する上で大切なものはいろいろある。しかし，継続的に利益を生む上で重要なことは，目標を達成するために市場環境に対応し，企業の内部・外部が変化し続けることへの継続的な対応である。これが「あらゆるマーケティング活動というものは，生態学的ネットワークとして記述されるものの中で，互いに関連した『組織された行動体系』（organized behavior system）間の相互作用の一側面であり，常に存続と成長を目指して関連要因を対内，対外的に調整していく」(Alderson[1957])というマーケティングの考え方の基本である。

すなわち経営とは，方針を定め，組織を整えて，目的を達成するように持続的に活動することであり，常に存続と成長を目指して関連要因を対内，対外的に調整することである。そしてそれは企業の4つの目的を達成するための継続的な活動であり，経営とマーケティングは密接に関連している。経営におけるマーケティングは，企業の成功においてとても重要な役割を担っている。

2　マーケティングの本質

マーケティングには，さまざまな解釈や派生語が存在する。起源には諸説あるが，マーケティングを売れる（儲かる）ための仕組みを作るためのプロセスと表現するなど，現在もいろいろな解釈が生まれている。そのためのツールやフレームワークも数多く存在する。

そもそもマーケティングは1900年初頭，米国のフォード社において自動車の大量生産の中で生まれたともいわれている。その後さまざまな産業の近代化の中で，大量に生産されたものをいかにして販売するかということが重要になってきた。その状況の中でチャネル・プロモーションという販売促進活動が繰り広げられ，このような考え方や動きがマーケティングの中心と考えられてきたことから，未だにマーケティングとは「販売促進活動」であり，そのための「調査活動」であると認識されることが多い。確かにマーケティングの要素の中には「販売促進活動」＝Promotion，「調査活動」＝Researchは存在し，重要な要素であるが，それらがすべてではない。

また派生語が数多く存在し，言葉として独り歩きしている。例えば「マス・マーケティング」から「ブランド・マーケティング」「デジタル・マーケティング」や「コンテンツ・マーケティング」など，ネット上にはマーケティング関連の言葉が溢れかえっている。

このようにマーケティングの解釈もさまざまであり，またそこから発展した考え方も多様に存在する。そんな中，マーケティング研究において古典ながら重要な研究であり，現代のマーケティングを考える上でも普遍的な研究として，オルダーソンの「あらゆるマーケティング活動というものは，生態学的ネットワークとして記述されるもののなかで，互いに関連した『組織された行動体系』（organized behavior system）間の相互作用の一側面であり，常に存続と成長を目指して関連要因を対内，対外的に調整していく」（Alderson[1957]）という考え方がある。この『組織された行動体系』としての経営体系が，常に存続と成長を目指して関連要因を対内，対外的に調整していくことが，経営を継続的に発展させる上で最も重要である。マーケティングは，常に存続と成長を目指して関連要因を対内，対外的に調整していくことであるからこそ，時代や環境ごとのマーケティングの解釈が生まれ，マーケティングの派生語が登場したともいえる。

・参考文献

Alderson,W.,Richard D.Irwin,[1957]Marketing Behavior and Executive Action;A Functionalist Approach to Marketing Theory. マーケティング行動と経営者行為－マーケティング理論への機能主義的接近－（石原武政，風呂勉，光澤滋朗，田村正紀訳）千倉書房，1984

Alderson,W.,Richard D.Irwin,[1965]Dynamic Marketing Behavior.A Functionalyst Theory of Marketing. 動態的マーケティング行動－マーケティングの機能主義理論－（田村正紀，堀田一善，小島健司，池尾恭一共訳）千倉書房，1981

デジタル大辞泉「経営」小学館 .『コトバンク』＜コトバンク，https://kotobank.jp/word/ 経営 -488161　閲覧日 2023 年 3 月 30 日＞

第２章■進化するマーケティング戦略

1　進化し続けるマーケティング戦略

マーケティングは，時代や環境ごとに発展していくことが当然である。進化するということでは，ダーウィンの進化論の解釈の１つとして「生き残る種とは，最も強いものではない。最も知的なものでもない。それは，変化に最もよく適応したものである」という内容がある。まさしく経営におけるマーケティングも同様で,生き残りをかけて時代や環境に応じて進化していく必要がある。

マーケティングに戦略という言葉が加わって，マーケティング戦略という言葉がよく使われる。戦略であるから，企業が目指す理念やそれに基づく商品・製品，サービスをどう考えて，どう提供するのかをというシナリオを設計し，企業の目標達成につなげるためのものである。そのためにマーケティング戦略とは，製品やサービスを市場で販売するための計画であると表現されるが，販売計画や営業計画，販売促進計画ではない。重要なのは，商品・製品やサービスの顧客にとっての価値を確認し，最適な製品やサービスを設計しそれをいかにして販売するかをプランニングすることである。このように戦略設計されたマーケティング戦略をPDCAサイクルでとらえて，何度も回し続けることが重要となる。

このような考え方のマーケティング戦略をPDCAサイクルで回し続ける結果，環境の変化に応じたマーケティング戦略が生まれる。すなわち進化し続けるマーケティング戦略とは，時代や環境の変化に応じて戦略が変化し続けることを意味する。変わらないものは，企業経営に関する関連要因を対内，対外的に調整していくことという考え方であり，その戦略内容は随時変化する。

例えば，マーケティング理論において，近代マーケティングの父と呼ばれたコトラーは，時代に応じてさまざまなマーケティング論を提唱している。それは，マーケティング1.0から5.0までの5つの段階があり，各段階でのマーケティング戦略を提唱している。

2　マーケティング戦略の変遷

フィリップ・コトラーは，時代に応じてさまざまなマーケティング概論を提唱しており，マーケティング1.0から5.0までの5つの段階のマーケティング戦略を提唱している。このコトラーの5つのマーケティング戦略からマーケティング戦略の変遷をみる（図表2-1）。

図表2-1　フィリップ・コトラー　マーケティング1.0～5.0の変遷

1950	1960	1970	1980	1990	2000	2010	2020	2030

	Marketing 1.0	2.0	3.0	4.0	5.0
年代	1950年 ～1980年代	1980年代 ～2000年代	2000年代半ば ～2010年代前半	2010年半ば ～2020年代前半	2010年後半 ～2020年以降
中心的志向	商品中心	顧客中心	人間中心	デジタル	社会的使命
中心要素	商品の提供に焦点を当てた商品志向の時代であり、製品の品質や機能に重点	顧客のニーズに応じたマーケティングであり、顧客中心主義の時代であり、顧客との対話や関係構築が重視	人間性や感情に基づくマーケティングであり、顧客体験を重視した時代であり、ブランド価値を重視	デジタルテクノロジーを活用したマーケティングであり、コンテンツマーケティングやプラットフォームビジネスが中心であり、顧客参加型のマーケティングを重視	社会的使命志向のマーケティングであり、企業が社会課題に貢献することが求められ、CSRやCSVを重視
マーケティングテーマ	商品 製品 (Product) 価格 (Prince) 流通 (Place) プロモーション (Promotion) の4P	セグメンテーション ターゲティング ポジショニング リレーションシップ	価値主導 体験価値 社会的責任 倫理的責任	自己実現 オムニチャネル・マーケティング	社会課題 新テクノロジー 統合

出所：フィリップ・コトラー　マーケティング1.0～5.0をもとに山本誠一作成

・マーケティング1.0：商品中心主義

マーケティング1.0は，商品志向のマーケティングの時代を指す。1950年代から1980年代にかけては，商品･製品の品質や機能性を重視するマーケティングが主流であった。この時代のマーケティングは，企業が商品･製品を開発･生産し，その製品を市場に投入することを中心に考えられてきた。

マーケティング1.0では，商品・製品を提供することに重点が置かれていたため，企業は広告や販売促進活動を用いて，商品・製品の特徴や価値を伝え，消費者に購入を促すことが一般的であった。商品・製品開発においては，技術や機能性を強化することが重視された。

また顧客のニーズや欲求を深く理解することができなかったために，企業の商品・製品は，消費者にとって必ずしも必要なものかどうかを確認することもなかった。しかし，当時の製品は需要が高かったため，企業は製品を大量生産して，安価で販売することによって利益を上げることができたといえる。消費者のニーズに基づく製品の開発よりも，企業側が開発した商品を消費者に販売することが主流であった時代である。

図表2-2　マーケティング4P戦略

出所：山本誠一作成

マーケティング1.0におけるマーケティングコンセプトは，商品志向のマーケティングコンセプトであり，製品の品質や機能に重点を置き，大量生産・大量消費が進展した。またマスマーケティングが主流であり，広告やセールスプロモーションが主な手段であった。中心となるマーケティング戦略の考え方は，商品･製品（Product），価格（Prince），流通（Place），プロモーション（Promotion）の4P戦略である（図表2-2）。

・マーケティング2.0：顧客中心主義

マーケティング2.0は，顧客志向のマーケティングの時代を指す。1980年代から2000年代にかけて，商品･製品の品質や機能性だけでなく，顧客のニーズや欲求に焦点を当てたマーケティングが主流となってきた。

マーケティング2.0では，商品・製品開発において顧客ニーズを考慮し，顧客に最適な商品を提供することが企業の目的となりはじめた。顧客が求める商品・製品を開発し，広告や販売促進を通じて顧客にアピールし，商品を販売することが一般的であった。

また，顧客のニーズを深く理解することが重要視された。企業は，市場調査を行い，消費者のニーズや欲求を把握し，それに基づいて商品・製品を開発するようになった。同時に商品･製品開発だけでなく，顧客とのコミュニケーションも重要視され，顧客との関係性を構築することが求められるようになってきた。

マーケティング2.0では，企業は顧客ニーズに合わせた商品・製品を提供することによって，顧客満足度を高め，リピート購入やクチコミによる顧客獲得を目指すようになった。顧客のニーズに応えることによって，企業は市場シェアを拡大し，競争優位性を獲得することができる時代の到来である。

マーケティング2.0におけるマーケティングコンセプトは，顧客志向のマーケティングコンセプトであり，顧客中心主義の考え方が登場し，顧客のニーズに合わせたマーケティングが重要視された。セグメンテーションやターゲティングが導入され，データベースマーケティングが発展した。中心となるマーケティング戦略の考え方は，セグメンテーション，ターゲティング，ポジショニング，リレーションシップである。

・マーケティング3.0：社会的責任を持ったマーケティング

マーケティング3.0は，人間志向のマーケティングの時代を指す。2000年代から2010年代にかけて，商品・製品，サービスや顧客に焦点を当てるだけではなく，社会的責任や価値観にも着目したマーケティングが主流となりはじめた。

マーケティング3.0では，企業は利益追求だけでなく，社会的責任を果たし，社会に貢献することが求められるようになった。また，企業は，自社のビジョン・ミッションを明確化し，それを実現するための戦略を策定することが重要視されるようになった。

企業が社会的責任を果たすことによって，顧客や社会からの信頼を得ることができるという考え方である。顧客は，企業の社会的責任に共感し，商品・製品やサービスを購入することで，社会貢献に協力したことになると感じるような時代の到来である。

また，企業は商品・製品やサービスだけでなく，ブランド価値やコミュニケーション能力を高めることが求められるようになった。企業は，顧客に対してブランドイメージを構築し，コミュニケーションを通じて顧客との関係を深めることが重要となってきた。特に環境問題や社会問題に対して取り組み，社会的責任を果たすことが必要になってきた。

マーケティング3.0におけるマーケティングコンセプトは，人間志向のマーケティングコンセプトであり，ブランドや企業の価値観に重きを置いた。商品・製品，サービスの機能や性能ではなく精神的な充足，ストーリーテリング，すなわち伝えたい想いやコンセプトを，それを想起させる印象的な体験談やエピソードなどの物語を引用することによって，聞き手に強く印象付ける手法が重視された。顧客体験を重要視し，エモーショナルなコミュニケーションを行うことが求められた。また，顧客同士の交流やその交流を促す場を提供するといったコミュニティマーケティングも注目された。中心となるマーケティング戦略の考え方は，価値主導，体験価値，社会的責任，倫理的責任である。

・マーケティング 4.0：テクノロジーを活用したマーケティング

マーケティング 4.0 は，テクノロジー志向のマーケティングの時代を指す。2010 年代から現在にかけて，デジタルテクノロジーの発展により，消費者と企業の関係性やマーケティング手法が変化しはじめた。

マーケティング 4.0 では，デジタルテクノロジーを活用して，消費者との接点を増やし，顧客のニーズや欲求をより深く理解することが求められた。企業は，顧客データを収集し，それを分析することで，顧客の購買行動や嗜好を把握し，それに基づいて製品やサービスを提供することができるようになってきた。

この時代の特徴として，ソーシャルメディア（SNS）やコミュニケーションアプリなど，デジタルメディアを活用したマーケティングが活用され，消費者とのインタラクション（対話）を通じて，製品やサービスに関するフィードバックを収集し，それを反映した改善を行うことができるようになった。

また，AI（Artificial Intelligencec）や IoT（Internet of Things）などの技術を活用して，商品・製品やサービスをよりパーソナライズし，顧客にとってより価値のある提供を行うことも始まった。さらに，デジタルテクノロジーを活用して，企業が持つビッグデータを使って，消費者に対するマーケティングの最適化を実現することができる時代になった。

マーケティング 4 .0 におけるマーケティングコンセプトは，デジタル志向のマーケティングコンセプトであり，デジタルテクノロジーを活用したマーケティングが主流となった。SNS やモバイル端末の普及に伴い，コンテンツマーケティング，インフルエンサーマーケティング，プラットフォームビジネスが注目された。中心となるマーケティング戦略の考え方は，自己実現，オムニチャネル・マーケティングである。

・マーケティング 5.0：社会的・環境的価値を生み出すマーケティング

マーケティング 5.0 は，社会的使命志向のマーケティングの時代を指す。これは，2010 年代後半から 2020 年代にかけて，企業が社会課題に対して積極的に取り組み，社会的価値を創造することが求められるようになったことによって生まれた。

マーケティング5.0では，企業がビジネスの成功だけではなく，社会的課題の解決に貢献することが求められる。企業は，社会のニーズや課題に対応した商品・製品やサービスを提供することにより，社会的価値を創造し，社会に貢献することが可能となる。

企業は，自社のビジョン・ミッションを明確化し，それを実現するための戦略を策定することが重要視され，社会課題に取り組むことによって，企業価値を高めることが重要となる。

マーケティング5.0では，企業は，CSR=Corporate Social Responsibility（企業の社会的責任）だけではなく，CSV=Creating Shared Value（共有価値創造）に注力することが求められる。CSVとは，企業が社会的課題に対して取り組みながら，ビジネスの成長を実現することを意味する。企業は，社会課題に対する取り組みを通じて，新たな市場やビジネス機会を創出し，ビジネスの成長につなげることが必要となる。

特にデジタルテクノロジーを活用しながら，社会的課題に対して取り組むことが必要となる。企業は，SNSやコミュニケーションアプリなどのデジタルメディアを活用して，社会的使命や社会貢献活動をアピールし，またAIやIoTなどの技術を活用して，社会課題の解決に向けたイノベーションを実現することも可能となる。

この時代のマーケティングコンセプトは，社会志向のマーケティングコンセプトであり，企業が社会的課題に貢献することが求められる。企業の社会的責任（CSR）に加え，共有価値創造（CSV）が重要視される中，企業が社会に対して貢献することで，顧客や社会からの信頼や支持を獲得することを目指す。中心となるマーケティング戦略の考え方は，社会課題，新テクノロジー，統合である。

・参考文献

Kotler,P.,and Keller,K.L.[2006]Marketing management(12th ed.). コトラーのマーケ

ティング・マネジメント第12版（恩蔵直人監修，月谷真紀訳）丸善出版，2014
Kotler,P.,Kartajaya,H.,and Setiawan,I.[2010]Marketing 3.0:From Products to Customers to the Human Spirit. コトラーのマーケティング3.0 ソーシャル・メディア時代の新法則（恩蔵直人監訳，藤井清美訳）朝日新聞出版，2010
Kotler,P.,Kartajaya,H.,and Setiawan,I.[2016]Marketing 4.0:Moving from Traditional to Digital. コトラーのマーケティング4.0 スマートフォン時代の究極法則（恩蔵直人監修，藤井清美訳）朝日新聞出版，2017
Kotler,P.,Kartajaya,H.,and Setiawan,I.[2021]Marketing 5.0:Technology for humanity. コトラーのマーケティング5.0 デジタル・テクノロジー時代の革新戦略（恩藏直人監訳，藤井清美訳）朝日新聞出版，2022

第3章 ■ 現在のマーケティング戦略の概念

1 経営環境の変化

コトラーが，約70年の時代変遷に応じてさまざまなマーケティング概論を提唱してきたが，これは経営環境が時代とともに大きく変わってきたからである。

そもそもマーケティングにおいては，プロダクトライフサイクルという考え方がある。プロダクトライフサイクルとは，商品・製品やサービスが市場に投入されてから，寿命を終え衰退するまでのサイクルを体系付けたものである。商品が寿命を迎える理由には複数あるが，プロダクトライフサイクルは，それぞれの成長ステージにあったマーケティング施策を検討し，実行することが重要である（図表3-1）。

プロダクトライフサイクルは，企業を取り巻く環境の変化への対応であり，その時々に応じたマーケティング戦略がある。商品・製品やサービスが市場に導入されてから，成長期，成熟期，衰退期までの一連の過程を表した概念で，商品・製品やサービスの売上や利益を予測し，戦略的なマーケティング活動を行う上での基礎となる重要な考え方である。

プロダクトライフサイクルには，以下の4つの段階がある。

1．導入期（Introduction）

新しい商品やサービスが市場に導入され，顧客の関心を集める段階である。市場規模は小さく，商品の認知度が低いため，販売量も低く，販売促進のための広告や宣伝が重要となる。

2．成長期（Growth）

商品やサービスの認知度が上がり，需要が増加して市場が拡大する段階である。競合他社も参入し始めるため，マーケティング戦略の見直しや新たな需要の開拓が必要となる。

3．成熟期（Maturity）

市場が飽和状態になり，競合が激化する段階で，市場シェアを維持するために，価格競争や製品の特長や機能の強化，販売促進によるブランドイメージの強化が必要となる。

4．衰退期（Decline）

市場が縮小し，需要が減少する段階で，新しい技術や商品に取って代わられることが多く，商品の撤退や再編成，あるいは根本的なイノベーションが必要である。

図表3-1　プロダクトライフサイクル

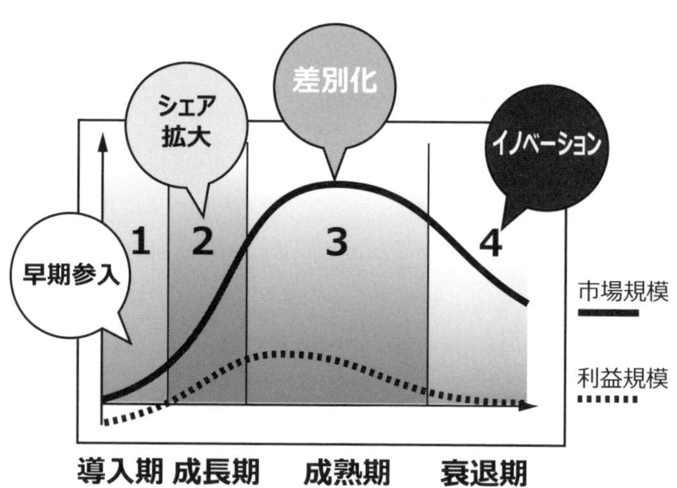

出所：山本誠一作成

プロダクトライフサイクルの認識に基づいたマーケティング戦略を立てるこ

とで，商品やサービスの販売促進や競合優位性の確保，市場シェアの維持や拡大などの目的を達成することができる。

このプロダクトライフサイクルへの戦略対応も，コトラーのマーケティング 1.0 ～ 5.0 の概念と同様その時代環境に応じた考え方で戦略を変えていかなければいけないが，コトラーの概念は時代の流れの中でのマーケティング戦略の概念であり，プロダクトライフサイクルは自社の商品・製品やサービスを中心にとらえた考え方である。

経営環境の変化にともなう分析，考え方について，経営環境は，マクロ視点とミクロ視点の 2 つの視点から分析することができる。

マクロ視点は，経済的な環境や政治的な状況，その一例として例えば法制度などから広範な視点での分析を指す。こういった要素は，企業の収益性や市場の需給バランスに影響を与える可能性もある。

ミクロ視点は，企業内部の要因や市場環境に注目した分析を指す。例えば，顧客のニーズや競合環境，企業の内部組織，人的資源などがあげられる。これらの要因は，企業の戦略や経営方針に直接的な影響を与える可能性がある。

経営者は，マクロ視点とミクロ視点の両方を考慮しながら，事業戦略を策定する必要がある。マクロ経済環境が厳しい場合でも，適切なミクロ戦略を立てることで，企業の成長や収益性を維持することができるように検討することが重要である。

では，経営環境の変化に対し，経営戦略にどのような影響があり，どう変わってきたかについて，コトラーのマーケティング 1.0 から 5.0 の変化を参考にしながら現在の状況を具体的に整理する。

マーケティング 1.0 といわれる，1950 年から 1980 年代ではものづくりの技術的な面や素材そのものなどは今ほど多様性もなく，少しのアイデアや品質向上で商品・製品・サービスが売れた時代である。マーケティング 5.0 の現代社会では商品が溢れかえり，またさまざまなアイデアが生まれ，それが実現するという時代である。もはやどうしても手に入れたい，これは今までにはないとても便利な商品・製品・サービスであるというものも生まれにくく，あらゆるものが事足りている時代である。そんな時代であるから価値のあり方がモノからコトへという顧客経験価値へシフトしている。

顧客経験価値（Customer Experience Value）とは，企業やブランドの提供する商品・製品やサービスに対する顧客の満足度や忠誠心，またはブランドイメージや信頼度などの評価を示す指標のことである。顧客経験価値は，顧客が商品やサービスを利用する中で得る体験や感情を包括的に測定することで算出される総合的な価値である。

顧客経験価値は，顧客が商品やサービスを利用する際に得るメリットやリターンが，顧客が支払うコストや価格を上回っているかどうかを示す指標でもある。したがって企業やブランドが顧客経験価値を高めるためには，商品やサービスの品質や機能性の向上だけではなく，顧客に対する丁寧な対応やコミュニケーション，そしてブランドのアイデンティティやストーリーの鮮明化など，さまざまな要素が必要となる。

例えば，ある商品がとても高性能で他にはない特徴を持ち，手ごろな値段であったとしても，その使い方が複雑であったり，操作方法がわかりづらかったりすると，顧客はストレスを感じたり，使いづらさを感じたりすることがある。その結果，商品の価値が下がることになる。一方で，商品がすぐに使いやすく，操作方法がわかりやすい場合は，顧客が快適に使えるため，商品の価値が高くなることもある。

また，例えばアパレル業界の顧客経験価値を考えると，アパレル店舗では商品を手に取ったり試着したりすることで，商品の品質やデザイン，素材感などを直接体験することができる。また，店員の接客や提供されるサービス，店内の雰囲気なども顧客経験価値に大きな影響を与える。顧客が満足した顧客経験価値を得ることで，リピーターとして店舗を再訪することが増えることもあり，友人や知人にクチコミで紹介することがあるため，企業にとっては非常に重要な要素となる。

最近では，オムニチャネル戦略によって，店舗だけでなくECサイトやソーシャルメディア（SNS）などのオンラインチャネルでも顧客経験価値を高める取り組みが進んでいる。例えば，オンライン上での試着や，アプリを活用したおすすめ商品の提案，購入後のアフターサポートなどがあげられる。商品を提供するだけではなく，顧客との関係性を築き，顧客の体験や感情を考慮した顧客中心のサービス提供を行うことが，アパレル業界でも重要になっている。

現在では，多くの商品やサービスが顧客経験価値の向上を図っているが，特に以下のような商品やサービスは，顧客経験価値が重要な商品といえる。

まず飲食店があげられる。味やサービスだけでなく，店内の雰囲気やデザイン，接客態度などが顧客経験価値に影響を与える。飲食店は，提供する料理や飲み物の味や香りという直接的な価値だけでは顧客経験価値が高まらないということである。

次に宿泊施設である。宿泊施設の部屋の設備や清潔感，サービスの質，食事など，また宿泊施設を訪問するまでの移動も含めて宿泊するあらゆる接点が顧客経験価値に影響を与える。

またエンターテイメント施設も顧客経験価値が重要であることはいうまでもない。アトラクションやパフォーマンス，待ち時間の快適さ，飲食店やショップなどの充実度が顧客経験価値に影響を与え，待ち時間の快適さに注力する施設も多い。

さらにオンラインショッピングでは，商品の情報や写真の充実度，サイトの使いやすさ，配送や返品などのサービスが顧客経験価値に影響を与える。オンラインショップ・ECサイトは溢れかえっており，顧客経験価値が高いショップでないとリピートにつながらない。

また自動車も顧客経験価値が重要である。自動車のデザインや性能だけでなく，購入後のアフターサービスや整備，販売店の対応などが顧客経験価値に影響を与える。

スマートフォンも機能やデザインだけではなく，サポートや修理，セキュリティなどが顧客経験価値に影響を与える。

以上のように，さまざまな商品・製品やサービスで顧客経験価値が重要視されている。

また最近では，企業がビジネスの成功だけではなく，社会的課題の解決に貢献することが求められている。企業は，社会のニーズや課題に対応した製品やサービスを提供することにより，社会的価値を創造し，社会に貢献することができる。CSR=Corporate Social Responsibility（企業の社会的責任）だけでなく，CSV = Creating Shared Value（共有価値創造）に注力することが求められているので，企業は社会課題に取り組むことによって企業価値を高めることが可能になる。CSV とは，企業が社会的課題に対して取り組みながら，ビジネスの成長を実現することを意味し，社会課題に対する取り組みを通じて，新たな市場やビジネス機会を創出し，ビジネス成長につなげることができる。

今パーパス経営が注目されているが，パーパス経営とは企業が社会的な使命や目的（パーパス）を持って事業を行う経営手法のことを意味する。社会において，企業はなにのために存在しているのかを明確にするという，存在意義をベースとした考え方である。パーパス経営の経営手法では，企業が単に利益追求だけではなく，社会的な価値を創造することを目的としている。経営の中心となるものは，企業が社会においてどうかかわるのかということである。

具体的には，企業は自社の商品・製品やサービスを通じて，社会や地域，顧客，従業員，環境などに対してポジティブな影響を与えることを目指すことが重要である。このような取り組みにより，企業は顧客や社会からの信頼を得て，長期的な成長や価値創造につなげることができる。

パーパス経営は，近年ビジネスの世界で注目されるようになってきた。社会的責任やサステナビリティの観点から，企業が単に利益追求だけでなく，社会的な意義を持った活動を行うことが求められるようになったことが背景にある。

経営におけるパーパスの意味を整理すると，パーパスは，なぜそれに取り組むのか，なにのために存在しているかということで，経営におけるミッションやビジョン，バリューとは少し意味が違う。ミッションは，WHAT ＝企業が果たすべき使命，任務であり，ビジョンは，目指すべきゴール，WHERE ＝達成すべきゴール，方向性である。また企業におけるバリューは，HOW ＝どのようにして実現するのかということである（図表 3-2）。

図表3-2　パーパス経営

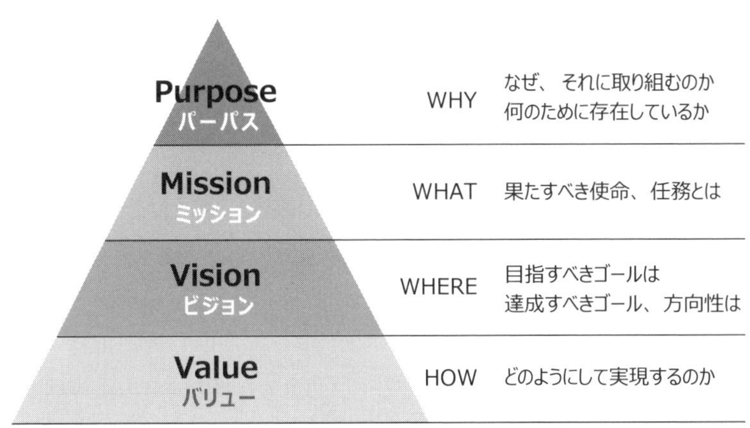

出所：山本誠一作成

図表3-3　過去50年間の情報通信分野の動向

	1973-85年頃 アナログ通信・放送の時代	1985－1995年頃 通信・放送市場の発展	1995－2005年頃 インターネットと携帯電話の普及	2005－2015年頃 モバイル活用の拡大とブロードバンド化	2015年－ ICTの社会・経済インフラとしての定着
国際情勢	・AT&T分割等	・冷戦構造終焉 →技術・研究費等の民間への還流	・WTO発足と中国の加盟 ・Windows95販売 ・プラットフォーマーの誕生	・iPhone発売 ・モバイル向けｱﾌﾟﾘｹｰｼｮﾝ・ｻｰﾋﾞｽの拡大 ・プラットフォーマーの影響力増大	・米中新冷戦 ・COVID-19の世界的流行
	1G	2G	3G	4G	5G
通信	通信自由化 固定電話中心	市場の競争進展 携帯電話とインターネットの普及（初期）	ネットワークの高速化・大容量化の進展 携帯電話の多機能化 ブロードバンドの普及	スマートフォンの急速な普及	
放送	地上波放送中心	視聴チャネルの多様化 衛星放送開始 CATVの広がり	ネットワークの高度化 デジタル放送の開始・全国普及、アナログ放送の終了	4K・8K	
ICTの高度化多様化	サービス・端末等の高度化・多様化 パソコン通信	ADSL（定額制） 民間ISP登場 初期パソコンの普及の始まり	imode・EZweb おサイフケータイ 日常生活・ビジネスへの浸透	クラウドサービス SNS　ネット動画	テレワーク オンライン授業 QRコード決済 ICTの活用による新たな生活様式

国民生活に不可欠な社会・経済インフラ

出所：総務省[2022]「デジタル社会における経済安全保障に関する調査研究」デジタル社会における経済安全保障に関する調査研究 報告書

経営環境の変化の中で経営の考え方の変化を取り上げてきたが，変化の内容だけではなく変化のスピードが速くなってきていることに着目する必要がある。主たる変化の引き金になるものとして，政治的・法的な要因，環境変化要因（気候変動から社会問題など），技術革新の要因，経済サイクル（景気の拡大期と景気後退）の要因，顧客ニーズの変化要因など，それぞれが独自に変化しながら他に影響をもたらしている。

昭和，平成，令和と戦後70年以上が経過した中，特に大きく変化したのは1980年代以降である。この時代以降に経営環境に大きな変化をもたらしたのはインターネットの登場で，インターネットの商用利用が活発になった以降である（図表3-3)。

1990年代には，Webブラウザの発明や高速通信技術の進歩などが相まって，インターネットの普及が急速に進んだ。世界中で多くの人々がインターネットを利用するようになり，情報共有やコミュニケーション手段としての役割がますます重要になっていった。

インターネットの登場は，企業のビジネスモデルや消費者行動にも大きな影響を与えた。オフラインからオンラインの存在が大きくなり，オンラインショッピングやオンライン広告など，新しいビジネスモデルが生まれ，従来のビジネスにもインターネットを活用したアプローチが取り入れられるようになった。また，情報共有が容易になり，消費者の情報収集行動や購買意思決定にも大きな変化をもたらした（図表3-4，図表3-5)。

いまやインターネットはビジネスに欠かせない基盤技術となっており，企業のグローバル化やデジタルトランスフォーメーション（DX）の進展にも大きく貢献しているが，こういった変化により消費者の生活も大きく変わり，それに伴う企業経営の考え方も大幅に変化してきている。

図表3-4　インターネットの活用推移

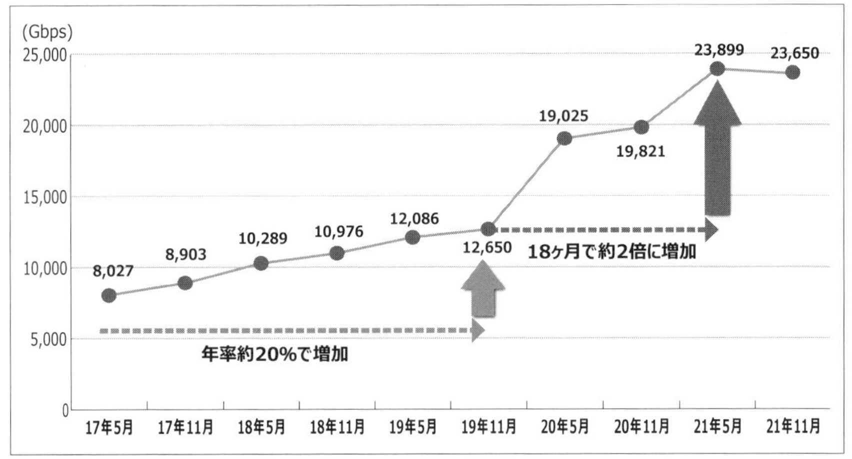

出所：総務省[2022b]令和4年版 情報通信白書，第2部 情報通信分野の現状と課題，第2節 電気通信分野の動向，(4) トラヒックの状況
https://www.soumu.go.jp/johotsusintokei/whitepaper/ja/r04/html/nd232240.html
閲覧日2023年５月６日

インターネットの普及によって，情報が瞬時に伝わり，世界中の競合他社が常に企業を取り巻くような環境になってきている。従来は数年単位で変化があったビジネス環境も，現代では数カ月や数週間で変化が起こり得るようになっている。このような変化が激しい環境下で，企業は変化に敏感に対応し，素早くアクションを起こすことが求められている。

この変化のスピードが加速してきている最新のビジネス環境では，ますます新しいテクノロジーの登場やデジタルツールの急速な進化，消費者の需要や嗜好の変化，法律や規制の変更など，多くの要因が経営環境に影響を与えている。これらの変化に対応するためには，企業は迅速に対応し，柔軟性や創造性を持った経営戦略を採用する必要がある。

図表3-5　インターネットの活用推移
（インターネットショッピングの変化）

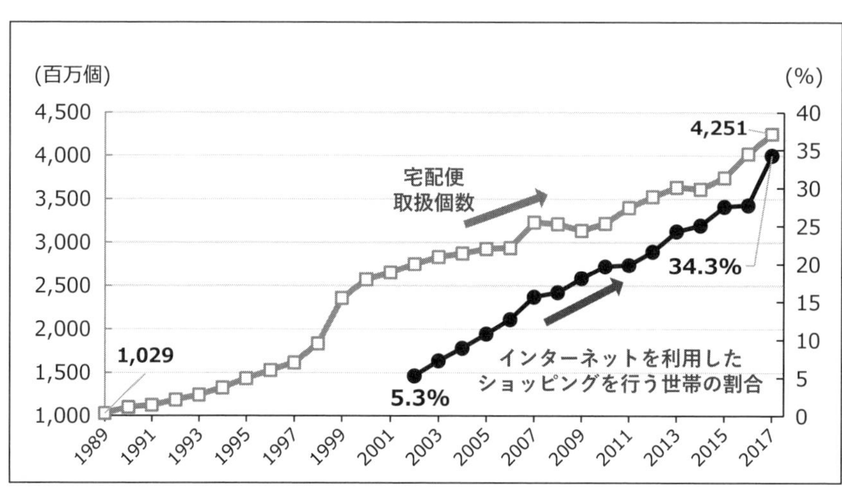

出所：国土交通省[2019]『国土交通白書2019』

2　現在のマーケティング戦略

経営戦略に大きな変化をもたらしたインターネットと，それに伴うテクノロジーやさまざまなツールの登場は，企業のマーケティング戦略に大きな影響を与えた。

特に大きな変化は，コミュニケーションのあり方である。従来のマーケティング戦略は，企業がテレビやラジオCM，新聞・雑誌，ダイレクトメール，テレマーケティング，アウトドア広告などを活用して，顧客に直接アプローチすることを目指し，企業が自ら自発的に顧客に情報発信することで商品・製品やサービスを販売する手法であった。情報の流れ，コミュニケーションの方向は，企業から消費者へという一方通行で，これをアウトバウンド・マーケティングともいう。

この時代の消費者の購買決定プロセスを説明するものとしてAIDMA（アイ

ドマ）の法則がある。これが次の5つの段階である（図表3-6）。

1．Attention（アテンション）：まず商品・製品やサービスを知ってもらう。企業からの情報や売場での情報などいろいろな手法を使って，商品・製品やサービスを知ってもらい，消費者の注意を引く。→　認知してもらう段階

2．Interest（インタレスト）：認知してもらえたら，興味を持ってもらうことが重要である。商品やサービスの特徴やメリットを伝え，関心を持ってもらうようにする。→　興味を持つという感情段階

3．Desire（デザイア）：興味，関心を持ってもらえたら，欲しいと思わせることが必要である。商品・製品やサービスの魅力や利便性，価値などをアピールして，顧客の欲求を刺激する。→　欲しいと感じる感情段階

4．Memory（メモリー）：商品・製品，サービスを記憶し，購入を検討し始める段階。今すぐに買えなくても欲しいと思ったことを強く記憶し，機会があれば買おうといった消費者心理が働く。→　記憶するという感情段階

5．Action（アクション）：最後に，顧客に行動を促すことが大切である。購入や問い合わせ，サイトへのアクセスなど，具体的な行動を促すメッセージを伝える。→　購入する（問い合わせる）行動段階

図表3-6　AIDMAの法則

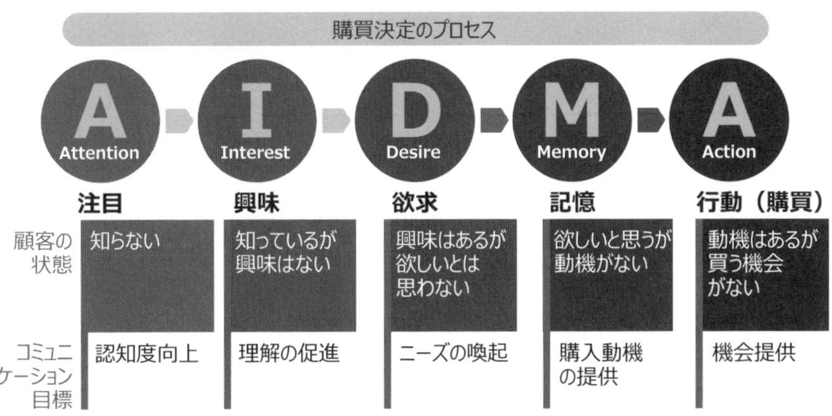

出所：山本誠一作成

しかし，今のインターネット社会の中ではこのような消費者の購買決定プロセスではなく，新たな消費者の購買決定プロセスも生まれている。その一例にAISASやAISCEASがある。AISAS（アイサス）は2004年に電通が提唱したマーケティング理論のひとつで，インターネット時代に即したモデルに作り替えた新しい購買行動モデルである。インターネットやソーシャルメディア（SNS）の普及により消費者の消費行動にも変化が見られる。それを象徴するのがAISASの2つの「S」である（図表3-7）。

図表3-7　AISASの法則

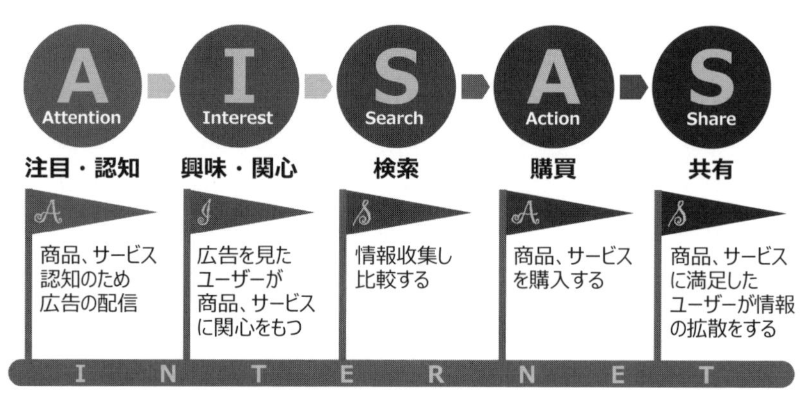

出所：山本誠一作成

また，AISASと似たような言葉でAISCEAS（アイシーズ／アイセアス）がある。AISCEASは2005年にアンヴィコミュニケーションズが提唱した購買行動モデルで，AISASをより細分化したモデルである。AISASのプロセスをベースにCompare（比較）とEvaluate（評価）の要素が追加されている。以下がこの各段階である。

1. Attention（アテンション）：商品・製品やサービスに注意を向ける
2. Interest（インタレスト）：商品・製品やサービスに興味を持たせる
3. Search（サーチ）：商品・製品やサービスを検索する
4. Compare（コンペア）：商品・製品やサービスを比較する

5. Evaluate（イバリュエート）：商品・製品やサービスを評価する
6. Action（アクション）：商品・製品やサービスを購入する
7. Share（シェア）：購入した商品・製品やサービスを共有する

消費者の購買決定プロセスを説明するモデルとして，AIDMA から AISAS や AISCEAS に変化した中で，単純に購買プロセスを細かい段階に分けただけではなく，Search（検索する），Share（共有する），また AISCEAS では Compare（同類商品の比較を行う）という行動と，Evaluate（商品・製品やサービスを評価する）という行動が加わっている。この Search（検索），Share（共有），Compare（比較），Evaluate（評価）という消費者の購買決定プロセスは，インターネット社会特有の行動であり，アウトバウンド・マーケティング時代からの大きな変化である。

特に重要なこととしてあげられるのは，Share（共有する）ということと Evaluate（評価）ということで，これは，インターネットの中でもソーシャルメディア（SNS）が大きな役割を占めている。従来のコミュニケーションは，発信者である企業側からの一方通行であったものが，SNS の急速な普及により，個人が情報発信できることが当たり前の環境になったことが大きい。

これは，インバウンド・マーケティングの到来を意味する。インバウンド・マーケティングは，顧客が自発的に企業に関心を持ち，コンテンツや情報を収集することを促進する手法である。企業は，自社の Web サイトやブログ，SNS などを活用して，有用な情報やコンテンツを提供し，顧客との関係を構築することが求められる。また，SEO（検索エンジン最適化）やコンテンツマーケティング，SNS マーケティングなどを活用して，顧客が自発的に企業にアプローチする機会を増やすことを目指す必要が出てきた（図表 3-8）。

図表3-8　アウトバウンド・マーケティングとインバウンド・マーケティング

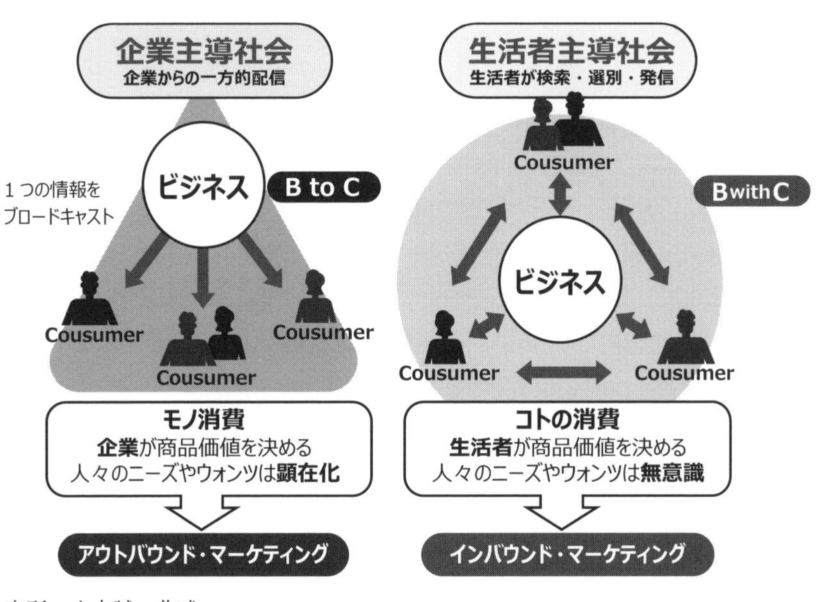

出所：山本誠一作成

また，ソーシャルメディア（SNS）は顧客が自発的に情報発信する中で，企業にとってネガティブな情報も発信される。こういった情報発信は，以前では考えられなかったことであるが，これをコントロールすることは不可能である。しかしこういったことへの対応策も現在ではとても重要である。顧客の情報発信だけではなく，従業員の情報発信も自由に行われるため，その対応策も必要になってきている。その1つとしてとても重要なのがインターナル・マーケティングである。

インターナル・マーケティングとは，企業の内部において従業員に対してマーケティングの手法を用いて情報や価値観，目標，方針などを伝え，企業文化を構築し，組織の意識改革や働く環境の整備を図る取り組みである。

従業員は企業の最も重要な資産であり，彼らが企業に対して愛着や誇りを持ち，働きがいを感じることは，企業にとって大きなメリットとなる。インターナル・マーケティングは，このような従業員のモチベーション向上や満足度向上を目的に行われる。

具体的には，企業のビジョンやミッション，目標を従業員に伝えることや，社員向けの社内報発行や社内イベントの開催，社員のキャリアアップ支援などが含まれる。インターナル・マーケティングによって，従業員が企業に対する理解を深め，共感し，自らの意思で企業目標達成に向けた行動を起こすことが期待される。

一方，企業内部に対する情報発信に対して，顧客が自発的に情報発信することへの対応策の1つとして，ソーシャルリスニングがあげられる。ソーシャルリスニングとは，インターネット上に存在するさまざまなソーシャルメディア（SNS）やWebサイト，ブログ，フォーラムなどにおいて，企業やブランド，商品・製品，サービスなどに関する言及や意見，反応をモニターし，分析することで，市場調査やマーケティング戦略の立案，改善点の把握などに役立てる手法のことである。また，企業の批判やクレーム，あるいは嫌がらせなどSNS上で共有されたネガティブな情報を把握する上でも重要である。

具体的には，SNSなどに投稿されたテキストや画像，動画などのコンテンツを収集し，分析ソフトウェアを用いて，言及数やネガティブな反応の割合，キーワード分析，投稿者の属性分析などを行う。これによって，企業やブランドがどのような印象を持たれているか，どのような意見や要望があるか，特に批判や嫌がらせはないかどうかを把握することができる。

ソーシャルリスニングは，企業が顧客の声に耳を傾け，市場や顧客動向を把握する上で非常に重要な役割を果たす。また，SNSなどの情報発信手段が多様化している現在，企業が顧客と直接コミュニケーションを取る機会が増えており，その中で自社や競合他社の評判を把握し，改善につなげることができるため，ソーシャルリスニングはますます重要な存在となってきている（図表3-9）。

図表3-9　ソーシャルリスニング

出所：山本誠一作成

経営環境の変化に応じた現在のマーケティング戦略について，その重要なポイントとしてインバウンド・マーケティング，インターナル・マーケティングを取り上げたが，さらに重要なことは，変化が激しい環境の中で，顧客にとっての価値を創造し続けることである。

・参考文献

相島淑美 [2023]『図解ポケット パーパス経営がよくわかる本』秀和システム

国土交通省 [2019]『国土交通白書 2019』第 2 節技術の進歩, 1 情報通信技術（ICT）・省エネルギー化等の進展，図表 I-1-2-7　宅配便の取扱個数とインターネットショッピングの利用世帯の推移

https://www.mlit.go.jp/hakusyo/mlit/h30/hakusho/r01/html/n1121000.html　閲覧日 2023 年 5 月 6 日

総務省 [2022a]「デジタル社会における経済安全保障に関する調査研究」

https://www.google.com/url?sa=t&rct=j&q=&esrc=s&source=web&cd=&cad=

rja&uact=8&ved=2ahUKEwiH9pikm-D-AhUOmVYBHQ8ICzkQFnoECBkQAQ&url=https%3A%2F%2Fwww.soumu.go.jp%2Fjohotsusintokei%2Flinkdata%2Fr04_01_houkoku.pdf&usg=AOvVaw2ItRD1OoblThakszBsMUCP 閲覧日 2023年5月6日

総務省 [2022b] 令和4年版 情報通信白書，第2部 情報通信分野の現状と課題，第2節 電気通信分野の動向，(4) トラヒックの状況 https://www.soumu.go.jp/johotsusintokei/whitepaper/ja/r04/html/nd232240.html 閲覧日 2023年5月6日

デジタル社会における経済安全保障に関する調査研究 報告書 https://www.google.com/url?sa=t&rct=j&q=&esrc=s&source=web&cd=&cad=rja&uact=8&ved=2ahUKEwiH9pikm-D-AhUOmVYBHQ8ICzkQFnoECBkQAQ&url=https%3A%2F%2Fwww.soumu.go.jp%2Fjohotsusintokei%2Flinkdata%2Fr04_01_houkoku.pdf&usg=AOvVaw2ItRD1OoblThakszBsMUCP 閲覧日 2023年5月6日

第４章■これからのマーケティング戦略

1　市場環境のさらなる変化とマーケティング戦略

マーケティング戦略の概念について，環境の変化に対してどう変わってきたのかを述べてきたが，現代社会はさらに大きく変化している。特にその変化のスピードはとても早く，それに応じて経営の考え方からマーケティング戦略に至るまで対応していく必要がある。

例えば，デジタル化の進展がその１つである。IoT（Internet of Things）技術は，今までならばパソコンや携帯電話がインターネットに接続されていただけであるが，社会の中のさまざまなものがインターネットに接続され，情報交換することにより相互の情報伝達が可能になるため，社会インフラやビジネス，人々の日常生活に大きな変化を与える仕組みとなってきている（図表4-1)。

マーケティング戦略においては，この IoT を前提に考える必要がある。例えばインターネットに接続された機器やセンサーなどのデバイスを利用して，リアルタイムでデータを収集・解析し，それを活用することで，業務効率の改善や新たなビジネスモデルの創出が可能となる。また，顧客の行動や好みなどのデータを収集し，それを分析することも可能となる。このようなデータを活用することで，顧客ニーズを把握し，個別に最適な提案を行うことができる。

さらに家の中では，顧客がどのような機器やその機能をよく利用するか，またどのような時間帯に利用するかといったデータを収集することで，その顧客にとって最適な提案を行うことが可能となる。また店舗の場合，顧客がどのような商品を見ているか，またどのような時間帯に来店するかといったデータを収集することで，その店舗にとって最適なマーケティング戦略を策定することが可能となる。

図表4-1　IoT（Internet of Things）

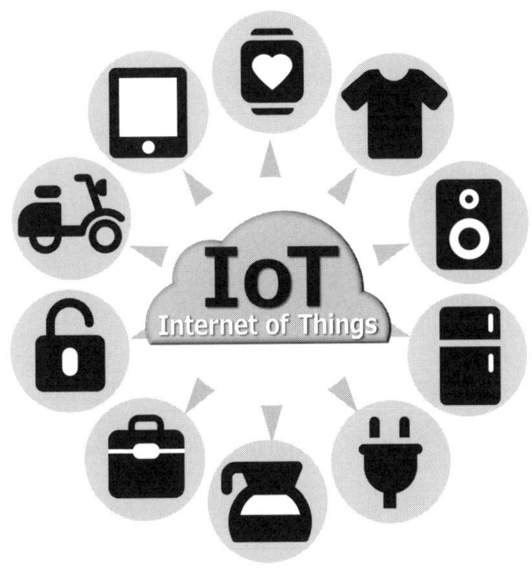

出所：山本誠一作成

デジタル化の進展では，IoT の他に AI（人工知能），ビッグデータ，ブロックチェーンなど他にも多数あるが，こういった最新のテクノロジーを活用することが必要となる。これらのデジタル技術を活用して，経営のビジネスモデルやそのプロセス，商品･製品やサービスなどを革新していくことを DX（Digital Transformation）という。

マーケティング戦略において DX 環境下で重要なものとして，以下の６つのポイントがあげられる。

１．オムニチャネル戦略の加速

顧客がオンラインで製品を検索し，店舗で買い物をすることが増えているため，オムニチャネル戦略を採用することが重要となってくる。顧客の購買行動が複雑になり，オンラインとオフラインを行き来するのは当然となる。店舗に行きながらそのお店のオンラインサイトに訪問することも今や当然起きている。オンラインで詳細情報を入手できるようにするだけではなく，あらゆる接点で顧客の商品・製品の購買を促進できるチャネルを構築することが大切となる。

2. データ駆動型のマーケティング

データ駆動型のマーケティングを採用することで，顧客が購入する可能性のある製品を正確に予測できるようになる。顧客の行動パターン，嗜好，購買履歴などを分析し，ターゲットとする顧客に最適なマーケティングメッセージを発信できる。

3. パーソナライズドコンテンツの提供

パーソナライズドなコンテンツを提供することで，顧客の興味を引きつけ，コンバージョン率を向上させることができる。顧客のデータを分析し，ターゲットとする顧客に最適なコンテンツを提供することが重要である。

4. AI の活用

AI を活用することで，効果的なマーケティング戦略を立てることが可能となる。自動化されたアルゴリズムを使用して，より正確な予測分析を行い，マーケティングキャンペーンの ROI（Return On Investment：投資利益率）を最大化することができるようになる。

5. ソーシャルメディア・マーケティングの強化

ソーシャルメディアを活用して，顧客とのコミュニケーションを強化することができる。顧客との対話を通じて，顧客のニーズや嗜好をよりよく理解し，ターゲットとする顧客により適切なマーケティングメッセージを提供することが可能となる。

6. 顧客エクスペリエンスの向上

顧客エクスペリエンスの向上により，企業は競合他社よりも優れた顧客体験を提供することができ，競争優位を確保し，市場シェアを拡大することも可能となる。また，顧客満足度を向上させ，企業の顧客ロイヤルティを高め，これにより，企業は長期的な顧客関係を築くことができる。

DXをマーケティング戦略に活かすことで，企業や組織は，ビジネスプロセスを最適化し，生産性を向上させることができ，また顧客エクスペリエンス（商品・製品やサービスを利用する際に感じる感情や体験，その満足度や不満足度の度合い）を向上させ，新たな市場を開拓することも可能となる。DXは，企業や組織が革新的なビジネスモデルを作り上げることを可能にするため，今後ますます重要な役割といえる。

マーケティング戦略においてAI（人工知能）やビッグデータ，ブロックチェーンなど，それぞれ固有の重要な機能と具体的内容，影響などを理解する必要がある。しかし，このようなデジタル新技術はこれからも次から次へと生まれる。このような時代に重要なことは，新しい技術を見極めながらその変化に対応することである。

社会の大きな変化の中で，デジタル化の流れに注目し，マーケティング戦略の対応について見てきたが，一方では社会的な変化への対応も必要である。例えば，新型コロナウイルス感染症（COVID-19）が2020年初頭から大流行した結果，多くの企業が売上減少や人員採用凍結，業務の見直しなどを余儀なくされ，生産・販売の縮小や廃業に至るケースも見られた。一方では，オンラインでのビジネスの需要が急速に拡大した。オンライン会議やテレワーク，オンラインショッピングなどが一般的になり，それに伴い，ビジネスモデルや顧客サービスの変化が求められるようになった。

また，2022年ロシアのウクライナ侵攻に伴い直接的・間接的に経済的影響を受けた企業も多い。このように外部環境は全く想像もできないほど大きな変化が起こっており，マーケティング戦略の見直しも必要である。

このような今後の見通しが不透明で，想像もできない今の時代をVUCA時代という。VUCAとは，Volatility（変動性，不安定さ），Uncertainty（不確実性，不確定さ），Complexity（複雑性），Ambiguity（曖昧性，不明確さ）の4つの単語の頭文字をとったもので，元々は1990年代後半に軍事用語として使われていたものである。VUCA はまさしく現代社会におけるビジネス環境や社会状況を表す言葉である。

不確実性や複雑性が高まっていることから，企業は柔軟で創造的な思考を持ち，常に変化に対応する能力を持つことが求められる時代といえる。企業は既存の枠組みに頼ることや過去の成功体験をもとに考える方法では，企業の目的は達成できないといえる。先が見えない，見通せない時代であるからこそ，新しい考え方や創造的な解決策，イノベーションが必要である。

このような時代に経営において必要なことは，

1. 持続的な変化への適応力を高める

VUCA 時代においては，企業は柔軟で変化に対応する能力を持つことが求められる。そのため，継続的な情報収集や変化への洞察力を高め，変化に迅速かつ柔軟に対応できる体制を整えることが重要である。

2. 多様性を活かした創造的な解決策の探求

VUCA 時代においては，1つの解決策だけでなく，多様なアプローチから生まれる創造的な解決策が求められる。そのため，多様性を活かし，異なる視点や知識を組み合わせたアイデアの創出や，実験・試行を通じて新しい価値を生み出すことが必要となる。

3. リスクマネジメントの強化

不確実性や曖昧さが高まるため，リスクマネジメントが重要となる。そのため，リスク評価やリスク管理の体制を整え，リスクを予測し，素早く対応することが求められる。

4. イノベーションの推進

VUCA 時代においては，イノベーションが企業や個人の生き残りに直結することが出てくる。そのため，新しい価値を生み出すことに重点を置き，従来のビジネスモデルにとらわれないアイデアを創出し，実践することが必要である。

以上のように，VUCA 時代においては，常に変化に対応し，柔軟な思考と行動が求められる。課題を解決するだけでなく，持続的な変化への適応力を高める力とその行動力が必要になる。

コトラーのマーケティング戦略の考え方のセグメンテーション，ターゲティング，ポジショニングという STP から戦略を組み立てるという考え方はもはや有効とはいえない時代である。社会環境が複雑になると，例えば社会的問題や技術的問題はそれぞれ個別に対応するという考え方では対応不可能な状況で，分けることが困難である。また，従来の考え方では課題が発見されたならどのようにして課題を解決するか，その方法を発見し提供することが戦略のポイントであったが，今の時代では課題や問題も複雑性を増しているため課題解決策の提案では解決にならないことが多い。

VUCA 時代のマーケティング戦略では，課題や問題が発見されてもそのまま解決するのではなく，もう一度問題を再定義し直すことからスタートする。問題の本質を再評価し，そもそもその問題の意味はなにか，なぜ必要なのか，なぜ問題なのか，重要なのかを再検討することがとても重要である。そして次にそこからなにが得られるのか，価値はなにを生むのかを検討し，そこから新たな解決策を模索する必要がある（図表 4-2）。

経営をすすめる上で課題が出現したり，分析で問題点が発見されたりすることはよくある。この問題・課題を正面から解決しようと思考する場合が多いが，この問題・課題を再定義することが重要である。これは問題が従来のやり方では解決できないほど複雑化しているため，問題の本質を再評価し，新たな解決策を模索する必要があるためである。再定義とは，発見された問題・課題を違う角度で定義し直すことであるが，違う角度から考えるとはどういうことか。

図表4-2　VUCA時代の考え方

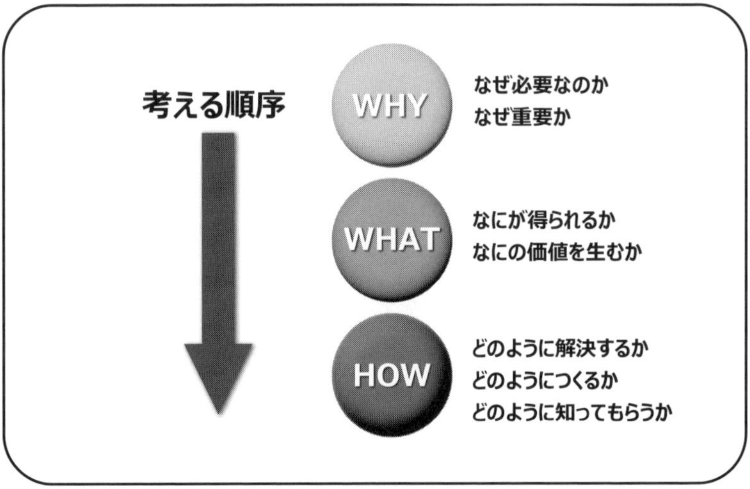

出所：山本誠一作成

固定概念にとらわれず，頭を柔軟にして思考すると言葉でいうのは簡単であるが，実際にはどう考えていくのか。一般的に商品・製品やサービスが売れない場合には，どうすれば売れるかということを考えて解決策を探ろうとするが，再定義するということはそもそもその商品・製品やサービスの価値はなになのか，そして顧客が求める価値はなになのかを徹底的に分析することから始める。例えば商品の売れ行きが悪いという課題がある場合，どうすれば売れるかという対策を検討するのではなく，再定義することで「顧客にとってこの製品の価値が低いため，売れ行きが悪い」という考え方のもと，顧客の求める価値はどんな価値なのか，そして製品の持つ価値はなになのかということを明らかにすることでより具体的な課題として定義し直すことができる。顧客がどのような価値を求めているのかを把握し，商品・製品，サービスの見直しや改良，顧客対応の改善など提供価値を改善し，課題の解決策を見つける。

問題を再定義する具体的手法として，デザイン思考がある。デザイン思考は，ユーザー中心のアプローチを通じて創造的な解決策を模索する手法で，これにより問題の本質を見つけ出し，問題解決のための新たなアイデアを生み出すことができる。デザイン思考は，単に表面化した問題や課題を解くのではなく，商品・製品やサービスを利用する顧客の立場から考え，根本的な解決策を探るのが特徴である。人々の欲求を観察した上で課題を定義し，アイデアを出し，そのアイデアを元にプロトタイプを作成し，実際に顧客やユーザーにテストを行いながら試行錯誤を繰り返すことで，新たな商品・製品やサービスを生み出し，課題解決につなげるというプロセスである。デザイン思考は，以下の5つのプロセスを経る。

（1）観察・共感（Empathize）

（2）定義（Define）

（3）概念化（Ideate）

（4）試作（Prototype）

（5）テスト（Test）

次に，システム思考がある。システム思考は，問題が複雑である場合，問題の全体像を把握し，システムとしての全体の構造と相互作用を考慮して問題を再定義することができる手法である。これにより，問題の全体像を理解し，根本的な解決策を模索することが可能となる。全体としてのシステム（システム全体を構成する部分や要素，相互作用，影響など）を理解し，それを改善・最適化することを目的としている。

このデザイン思考とシステム思考を融合させて検討するシステムデザイン思考という考え方もあり，それぞれ思考の流れが違う中で，そこから新しい気づきを得ながら戦略を組み立てることが重要である。

2　これからのマーケティング戦略

不確実性や複雑性が高まっている中で，そもそも経営をどう進めていくべきかについて考える必要がある。

ある程度先が見通せ，その結果予測通りに進んできた時代の考え方は，もはや通用しないといえる。例えば5年先の経営について綿密に計画を策定し，それを実行していったとして，結果が計画通りに達成される可能性は低くなってきた。もちろん従来から計画は，都度見直しながら進めていく必要があるが，見直すことで修正可能な範囲を超えた事態になる場合も多い。柔軟性と適応性を持ち合わせた経営が必須である。ここで重要なのは，VUCA時代のマーケティング戦略でも説明したような考え方，経営課題の本質を再評価し，そもそもその課題の意味はなにか，それはなぜ必要なのか，なぜ問題なのか，なぜ重要なのかを再検討することである。

しかしそれと同時に重要なのは，意思決定とその行動，そしてそれらのスピードの速さである。まず意思決定についてどう考えるか。コトラーのSTPマーケティングでは，企業の事業における内部・外部分析から予測を立てて実行計画を決定し，利益を予測した上で，まず明確な事業計画を策定し，この流れで事業を具体的に進めていく。このようにSTPマーケティングでは，目標を明確にした上で意思決定を進めていく。

もちろん事業計画の修正は必要になる場合もあるが，不確実性や複雑性が高まっている中では，修正するということでは対応不可能な場合も多くなり，根本的な事業計画の立て直しが必要になる。

今の時代に必要な意思決定とは，目標を最初に設定することではなく，今手元になにがあるかということから始まって，今できることを考えて，行動しながら目的自体を創造していくことである。不確実で先が読めない時代なので，手元にあるものから今できることを考え活動をしていきながら，新しい手段を得て，そこから次の新しい目的を獲得しながらさらに進めていく意思決定のプロセスである。

コトラーのSTPマーケティングである目標を設定し進めていくプロセスをコーゼーションといい，今できることから始め，行動しながら目的を創造する意思決定プロセスをエフェクチュエーションという（図表4-3）。

図表4-3　コーゼーションとエフェクチュエーションの意思決定プロセス

コーゼーション Causation
コトラーのSTPマーケティングプロセス（目標を設定して進める）

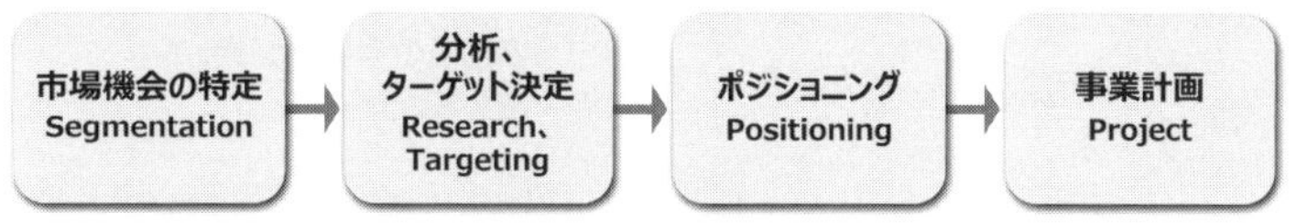

エフェクチュエーション Effectuation
今できることから始め、行動しながら目的を創造する意思決定プロセス

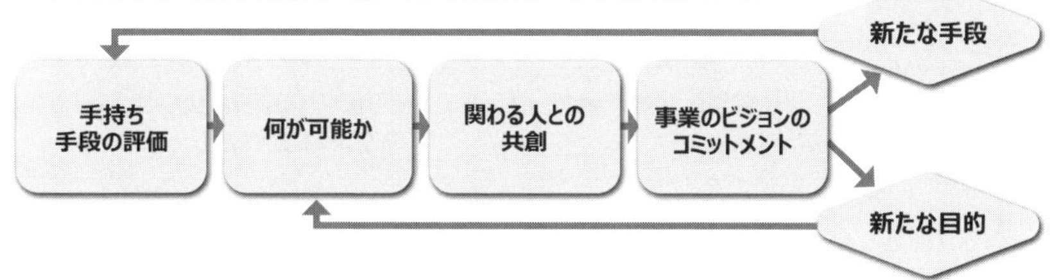

出所：Readら2009をもとに山本誠一作成

エフェクチュエーションは，Sarasvathy[2008/2015] が『エフェクチュエーション：市場創造の実効理論』の中で提唱した理論で，優れた起業家に共通する思考プロセスや行動のパターンを体系化した市場創造の実行理論である。従来のコーゼーションの意思決定は，市場環境の大きな変化を想定せず，未来を予測し目標を立てて行われるアプローチが一般的である。これに対し，エフェクチュエーションは，未来は予測不能であるという前提のもと，手元にある資源や手段を用いて,結果を創り出していくことに重きを置くアプローチである。不確実性や複雑性が高まっている現代においては，有効性の高い意思決定であるといえる。

ただし経営の意思決定は，コーゼーションからエフェクチュエーションへと対応を変化させることではなく，不確実性や複雑性が高まっている中でバランスよく，その状況に応じて使い分けることである。例えば一度エフェクチュエーションで進めた事業が軌道に乗り出した際は，コーゼーションで思考・意思決定し進めていくなど状況に応じて使うことが重要である（図表4-4）。

図表4-4　コーゼーションとエフェクチュエーションの各ポイントでの意思決定の違い

	コーゼーション	エフェクチュエーション
起点	目標を考え，設定する	手持ちの手段を評価し，使えるものから始める
考え方	目標利益の獲得と最大化を目指す	許容可能な損失の確認とその上での行動
環境のとらえ方	競合に勝つ	関係する人々と連携・協力・協調
進め方	計画重視。現状を確認しながら計画通りに	予想外の事態も受け入れて，そこからまた行動する
先の見通し	今後も想定通りで，基本目標に向けて進める	急な事態の変化に備え，調整できるように進める

出所：山本誠一作成

次に重要となるのは，スピードである。変化が激しい中で柔軟に対応するためには，素早く意思決定し，すぐに行動するスピードが重要なのはいうまでもない。意思決定と行動は，常に同時進行で進めなければならず，有効と考えた意思決定はすぐに行動に移さなければ手遅れになる。

このスピードある行動をビジネス・インプロビゼーションという。インプロビゼーションとは即興を意味し，音楽のジャズや演劇の即興に由来する。企業においてはこのインプロビゼーション能力が高くなければ，事業の成果は出にくいといえる。ビジネス・インプロビゼーションによって，柔軟かつ即座に対応することで，事業アイデアやプロジェクトを生み出しながら，さらに改善していくことを実現する。経営環境が急速に変化し，競合も激化する中で，迅速な判断力や行動力が求められることは当然である。このようにビジネス・インプロビゼーションは，企業の成長や発展，競争力を高めるための重要な要素の１つとなっている。例えば，事業アイデアやその事業の検証，試験的な取り組み，試行錯誤，そして，早期のフィードバックの取得や改善を繰り返すことが，ビジネス・インプロビゼーションの手法となる。

マーケティングにおいては，企業における「組織された行動体系」としての経営体系が常に存続と成長を目指して関連要因を対内・対外的に調整していくことが,経営を継続的に発展させる上で最も重要である。そして調整する上で,課題や問題を解決するのではなく，経営課題や問題におけるその本質を再評価し，問題の意味，必要性を再検討することがとても重要である。

そしてそこから得られる価値はなにか，価値はなにを生むのかを検討することが大切である。さらに常に変化に対応する上で，柔軟な思考と意思決定，実際の行動，そしてそれらのスピードの速さがとても大切である。

・参考文献

Brown, T[2009]Change by Design: How Design Thinking Transforms Organizations and Inspires Innovation. デザイン思考が世界を変える（千葉敏生訳）早川書房，2010

Read, S., Dew, N., Sarasvathy, S. D., Song, M., and Wiltbank, R.[2009] "Marketing under uncertainty:The logic of an effectual approach." Journal of Marketing, 73(3),1-18

Sarasvathy,S.D.[2008]Effectuation: Elements of Entrepreneurial Expertise. エフェクチュエーション：市場創造の実効理論（加護野忠男監訳，高瀬進，吉田満梨訳）碩学舎，2015

相島 淑美，佐藤 善信 [2020]「おもてなしの視点による日本型ビジネス・インプロビゼーション」『日本マーケティング学会カンファレンス・プロシーディングス』Vol.9, pp.250-258

第Ⅱ部

消費生活者起点の
コミュニケーション・デザイン

第 5 章 ■ 生活文化構造と生活文化度

1　なぜ生活文化度でとらえるのか

本章は，「新世代ブランディングシリーズ 4 冊（2010 ～ 2012）」を継承した考え方でまとめている。したがってこの章で解説する生活文化構造と生活文化度においては，『企業ブランディング－新世代マーケティング』と『メディア・ブランディング－新世代メディア・コミュニケーション』でまとめた生活文化度概念を継承していきたいと考えているため，引用してまとめている箇所が多くあることを説明しておく。

また，本文では「消費生活者」と「顧客」という言葉を使用している。本書のサブタイトルにも使用している「消費生活者」とは，ものを購入，消費するというだけでなく，生活者という暮らしやライフスタイルを構築する人を指し，ここでは特に重視している概念である。一方「顧客」とは，企業やブランドの商品を購入したお客様（既存顧客），または購入したいと思っているお客様（見込み顧客，新規顧客）のことを意味している。

1．1　生活文化構造

従来型マーケティングの消費者行動論は，衣食住遊といった生活様式を分解し，それぞれの様式別ニーズと物との関わりを論じていたが，現代では消費生活者の生き方や考え方・こだわり等の人生観視点での文化構造をとらえていくことが重要になる。つまり，経済的背景やライフステージだけでなく自己の満足感や充実感を内面的な部分で得ようとする情緒的ニーズの体験価値基準である。

このような消費生活者の文化構造を文化度別に分類した考え方が生活文化度分類である。文化度分類をメディア・ブランディングとして具現化するステップには，消費生活者のインサイト分析が必要不可欠になってくる。このインサイトとは消費生活者を洞察する考え方であり，生まれながらに持っているDNA要素や育った環境から生まれる文化意識を分析して，顧客が最大に満足する要素を導き出す事である。その要素を顧客ニーズに，ジャストフィットする好みの感覚や美的感性に沿ってビジュアル表現することが，文化価値を具体化するステップである。これは文化的価値付けを絞り込んで，意味移転するという考え方である。

1.2　生活文化度分類概念

生活文化度分類の概念はもともと５つに分類する考え方が基本となっている。図表5-1はその生活文化度５段階と人間欲求の関係をまとめたものである。

生活文化度１「埋没型生活文化度」の段階は，戦後の復興期に極めて劣悪な生活環境の時期が続き，物不足の貧困社会に商品供給体制を確立することが困難であった時期である。生活文化度２「安定型生活文化度」の段階は，産業基盤が整備されマス商品が大量に流通されるようになり，マス消費者の生活も安定してきた時期である。次に生活文化度３の段階に入ると，消費者は物の充足から自己表現といった社会心理的な欲求を持つようになった。生活を楽しみたいというエンジョイライフを重視するこの時期が「エンジョイ型生活文化度」である。高度成長時代が長期にわたって継続すると，事業で成功した高所得者層が胎動し「ハイリッチ型生活文化度」が登場する。この段階は生活文化度４である。最後に生活文化度５「感性リッチ型生活文化度」だが，世界の大都市を中心に経済的豊かさだけでなく自己表現力の豊かさを持った層が登場してきた。現代ではこの感性リッチ文化が開花している。

以上のように５つの基本概念に基づいて現代を捉えてみると，生活文化度１の埋没型生活文化度は存在しないと考えられる。時代とともにそれぞれの文化意識は進化していくため現代では生活文化は4つに絞ることができ，図表5-2はその特性をまとめたものである。

図表5-1　生活文化度5段階と人間欲求の関係

生活文化度の5段階構想	マズローの心理的欲求の5段階構造	経済発展水準：1人当たりGDPの水準(1ドル=100円換算)
生活文化度5:感性リッチ型生活文化度	自己実現欲求	1万5,000ドル以上(150万円以上)
生活文化度4:ハイリッチ型生活文化度	自我発揮欲求	1万~1万5,000ドル(100~150万円)
生活文化度3:エンジョイ型生活文化度	集団帰属欲求	5,000~1万ドル(50~100万円)
生活文化度2:安定型生活文化度	安全確保欲求	1,000~5,000ドル(10~50万円)
生活文化度1:埋没型生活文化度	身体保全欲求	1,000ドル未満(10万円以下)

出所：菅原正博，市川貢[1997]『次世代マーケティング－エンジョイ型生活業態革命』p.38図表2-4より引用

図表5-2　生活文化分類特性

感性リッチ型生活文化	「自己実現欲求」をもつこの層は、生きていくための人間形成への自己意識向上心が強く、メンタル面での満足感・充実感を強く求める。すでに経済的背景及び生活環境が恵まれている層だけでなく、自己実現への欲求を満たすための経済的背景を自ら作り上げていきファッションや芸術にも目を向け自分自身に投資していく意志を持っている人達も多い。
ハイリッチ型生活文化	「自我発揮欲求」をもつこの層は、経済的余裕と社会的地位の中で自己のポジションを確保し、それを主張していく価値基準をもつ。生まれつきハイソサエティな環境にあることが多くステイタス性豊かな文化意識はあるのだが現代社会では地位や立場にそったいかにも金持ち風な生活スタイルはそぐわないため今の時代性に応じた感性豊かな生活を楽しんでいる。
エンジョイ型生活文化	「集団帰属欲求」をもつこの層は、家族・友人・社会などの協調性を大切にし合理的に対応していくことができる。自己の生き方・考え方を主張しながらも適度に周囲の環境に融合し時代のスピードに便乗するという生活の楽しみ方がうまい層である。
安定型生活文化	「安全保全欲求」をもつこの層は、今の自分にある程度満足しこの環境を守りたいと思う保守的意識を持っている。他人との差別化や自己主張をあまり望まないが、自分のテリトリーの範囲ではそれなりに楽しんでいる。標準的で控えめな生き方・考え方に安心感を抱き落ち着きを感じる。

出所：菅原正博，山本ひとみ，大島一豊[2010]『企業ブランディング－新世代マーケティング』p.70図表2-2より引用

2　ライフスタイル感性と生活文化度

先述したように，生活文化度分類をメディア・ブランディングとして具現化するステップには，消費生活者のインサイト分析が必要不可欠であり，狙っている生活文化度層の文化的価値付けを絞り込んで意味移転することが重要である。

その文化的価値を解読する方法として，ライフスタイル感性分析がある。ライフスタイル感性とは，単に衣食住遊という生活様式を分解して読み取っていくことではなく，人々の生き様やライフステージの違いによるモノやコトのニーズを情緒的かつ美的にとらえることをいう。山本はこのライフスタイル感性を10個のイメージで提案している（山本[2018]pp.159-167）。

図表5-3は10個のライフスタイル感性イメージを示したものである。

図表5-3　10個のライフスタイル感性

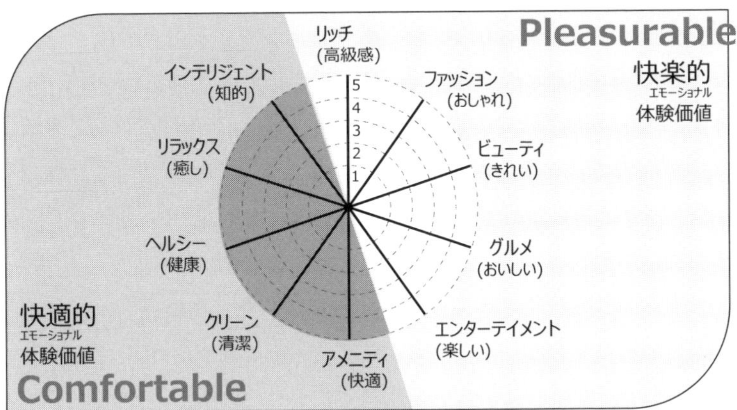

出所：山本ひとみ[2018]「ファッション美学のエモーショナル体験価値評価に関する一考察－快適的体験価値と快楽的体験価値の評価を中心にして－」図6より引用

このグラフは，10個の感性的イメージ要素を導きだし対角線上に相反する用語を配置している。

まず以下の５つの感性イメージは，人からどのように思われたいか，また自分がどのように演出したいかという外的要因である。このゾーンをニューラグジュアリーライフスタイル・ゾーンと設定し，外見的に満足する心の贅沢感を表している。このライフスタイルの特徴は，時代性に敏感に反応し自己実現における向上心を主張するマインドである。

① リッチ（高級感）本物・伝統・格式を重んじる生活感性
② ファッション（おしゃれ）自己演出できる生活感性
③ ビューティ（きれい）外見と内面の美しさを保つ生活感性
④ グルメ（おいしい）食事を味わうことができる生活感性
⑤ エンターテイメント（楽しい）積極的にエンジョイできる生活感性

一方，以下の５つの感性イメージは自己の心の満足における内的要因を主体としている。このゾーンをニューヘルシーライフスタイル・ゾーンと設定し，目には見えないマインド充実感を表している。

① インテリジェント（知的）自己向上意識を養う生活感性
② リラックス（癒し）心身のコントロールができる生活感性
③ ヘルシー（健康）心と身体のバランスが取れる生活感性
④ クリーン（清潔）安心安全で気持ちよく過ごすことができる生活感性
⑤ アメニティ（快適）自ら快適空間を作ることができる生活感性

以上のライフスタイル感性を生活文化度別に当てはめてみたのが，図表5-4である。

生活感性リッチ型ライフスタイル特性は，リッチ（高級感）以外はすべて５の位置である。この層はニューラグジュアリーライフスタイル・ゾーン，ニューヘルシーライフスタイル・ゾーンのすべてにおいて，向上心を持ち，自己実現していきたいと願うタイプである。したがって，外見的にも内面的に心が満たされるよう，知性をもって学び，探究心をもって楽しんで人生を歩んでいきたいと考えている。ただリッチ（高級感）感性においては，きらびやかなイメージをあまり好まず，自己流のテイストを重視するため４の位置になっている。

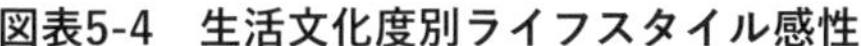
図表5-4　生活文化度別ライフスタイル感性

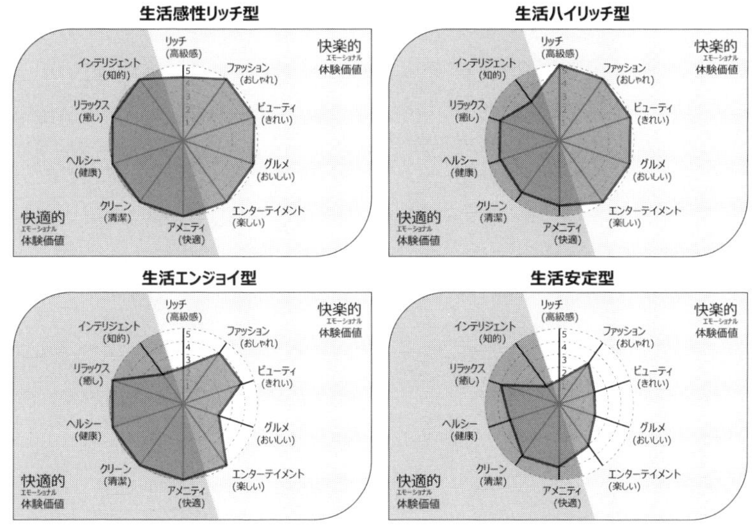

出所：山本ひとみ作成

生活ハイリッチ型ライフスタイル特性は，ニューラグジュアリーライフスタイル・ゾーンの５つの項目すべてが５段階の５の位置に示されているのが特徴である。この層は幼い頃から培われてきた，本物を見極める能力や外見的に満足する贅沢感を表現することができるタイプである。その反面，ニューヘルシーライフスタイル・ゾーンに関しては，それほど強いこだわりはなく，標準以上であれば心が満たされるというのも特徴的である。

生活エンジョイ型ライフスタイル特性は，ニューヘルシーライフスタイル・ゾーンのリラックス（癒し），ヘルシー（健康），クリーン（清潔），アメニティ（快適）とニューラグジュアリーライフスタイル・ゾーンのエンターテイメント（楽しい）が５段階の５の位置に示されているのが特徴である。このタイプは外見的な要素より内面的な心の満足を求めており，いつも心豊かに楽しく人生を歩んでいきたいと願う層である。またほどほどのファッション（おしゃれ）やビューティ（きれい）感性を，自己の体験価値に合わせてエンジョイしていきたいと考えているのも特徴といえる。

生活安定型ライフスタイル特性は，保守的ながらもニューヘルシーライフスタイル・ゾーンのリラックス（癒し），ヘルシー（健康），クリーン（清潔），アメニティ（快適）が5段階の4の位置に示されているのが特徴である。自己の体験価値にあった適度なほどほど感を重視し，世間体を守れる範囲で心の満足感を求めている。したがって，ファッション（おしゃれ）やエンターテイメント（楽しい）が3の位置に示されているように，全く関心がないわけではないが人並みに配慮しながら外見的要因を満たしているといえる。

・参考文献

菅原正博，市川貢［1997］『次世代マーケティング－エンジョイ型生活業態革命』中央経済社

菅原正博，山本ひとみ，大島一豊［2010］『企業ブランディング－新世代マーケティング』中央経済社

菅原正博，山本ひとみ，大島一豊［2012］『メディア・ブランディング－新世代メディア・コミュニケーション』中央経済社

山本ひとみ［2018］「ファッション美学のエモーショナル体験価値評価に関する一考察－快適的体験価値と快楽的体験価値の評価を中心にして－」日本感性工学会論文誌 Vol.17，No.1，pp.159-167

第６章■デジタル時代の消費生活者行動

1　デジタル時代における消費生活者の行動変化

1.1　メディア化する消費生活者

デジタル時代において，SNS（Social Networking Service）やブログ，レビューサイトなど，消費生活者自ら情報を発信することができる手段が増えてきた。このような情報発信は，消費生活者の個人的な意見や製品の使用感などを共有することができ，他の消費生活者にとって製品やサービスを利用する際の貴重な情報源となっている。

例えば，レストランのレビューサイトでは，自らが食べた料理やサービスについての評価や感想を投稿することができるWebメディア・サービスが充実しており，他の消費生活者は実際にそのレストランに行く前に，他人の評価を参考にすることができる。また，SNSを利用し，自らが購入した製品やサービスについて，写真や使用感についてのコメントを投稿することで，自分の友達やフォロワーに製品やサービスを紹介することができる。企業は，このような消費生活者自らの投稿がきっかけとなって，自社製品やサービスを購入者する新たな顧客として一般の消費生活者と関係を作ることができるようになった。また，消費生活者が，企業やブランドのアカウントをフォローし，企業からの製品などの提案や，製品を取り巻くライフスタイルの提案などの情報を受け取りながらキャンペーンに参加することで，企業と消費生活者がより深い関係を築くこともできるようになった。企業にとって，SNSにおいていかに話題にされるかという拡散力のあるコンテンツ制作に留意することが，重要なテーマとなってきている。そのようなデジタル環境の変化に鑑みて，デジタル時代のコミュニケーション・デザインに不可欠となったSNSの代表的なプラットフォームをここで確認しておく(図表6-1)。影響力,コミュニティやターゲットとなるユーザーの特徴，マーケティングにおける活用など，各SNSプラットフォームの特徴を把握し，活用することが重要である。

図表6-1　代表的なSNSプラットフォームの特徴

	Twitter	Instagram	Facebook	TikTok	YouTube	LINE
サービス開始	2006年7月 日本語対応 2008年	2010年10月 日本語対応 2014年2月	2004年 日本語対応 2008年5月	2016年9月 日本語対応 2017年8月	2005年4月 日本語対応 2007年6月	2011年6月
国内 MAU	4,500万人 (公表値)	3,300万人 (公表値)	2,800万人 (公表値)	950万人 (公表値)	約6,300万人 (推定)	8,400万人 (公表値)
オリジンのコミュニティ	ミニブログ、ブロガーなどの手軽な発信場として重宝	フォトグラファーやデザイナーなどのクリエイティブ業界	学生、IT親和性の高い社会人の実名ネットワーキング	動画に慣れたZ世代の遊び自己呈示の場	動画クリエイターアーティストのためのユーザー生成コンテンツの発信場所	メール・電話といった機能をひきつぐメッセンジャー
現在の主流コンテンツ	ニュース 著名人の近況 社会的な出来事や流行についての意見交流 バズコンテンツ	食事・レストラン 友人との交流(ストーリーズやDM含む) ファッション、コスメ インフルエンサーの投稿、ライブ配信	友人との交流 ニュース記事やオピニオン企業ページの情報発信	ミーム、ダンス、お題系、音楽×Vlogのフォーマット (VineやMixChannelの系統) 知識・ノウハウ系	音楽 面白動画(コメディ) ゲーム実況 Vlog、 ライフスタイル how to系の動画	友人とのクローズドな交流 公式アカウントからの情報取得 タイムラインでのニュースの取得
ユーザーの魅力	情報が拡散されやすい世の中のトレンドがわかる 有名人・友人の様子を知れる、趣味の情報を得られる	有名人・友人の様子を知れる 好きなジャンルの情報を知れる 流行を知れる	友人の様子を知れる 多くの人とつながれる、現実の人間関係をリッチにできる 思い出の記録ができる	様々なジャンルの楽しい短尺動画が揃っている おすすめ機能が秀逸で流行の動画を見つけやすい	公式コンテンツ、準公式コンテンツが集合している。投稿するクリエイターも豊富で、検索すれば大抵の動画が出てる	誰とでもつながれる メッセージ以外にもニュースやペイメントなど様々な機能が統合されている
マーケティング活用の方法	テレビ・イベント連動コンテンツ発信 顧客・ファンとの交流新商品キャンペーン	ブランドの世界観発信 顧客・ファンとの交流 商品のECなど多様な訴求	顧客・ファンとの交流 高いターゲティング精度に支えられた広告配信	ユーザー共創型キャンペーン(タグチャレ) 広告配信メディア クリエイターコラボ	ブランド・商品についての動画ストックレビュー動画 広告配信メディア	公式アカウントの運用、広告・クーポン活用、各モール集客

出所：日経広告研究所[2022]『広告白書2022』p.42より転載

1．2　価値を共創する消費生活者

インターネットやSNSを通じ，企業と消費生活者，また消費生活者同士が直接つながり，情報をシェアし合うデジタル時代において，企業や消費生活者，顧客，パートナーなどが協力し，共同で製品やサービスを開発し提供することが可能になった。企業と消費生活者が同じ立ち位置で双方向に意見やアイデアを交わしながら，新しい商品やサービスなどの新たな価値を共同で創造するプロセスを，価値共創（コ・クリエーション）という。価値共創とは，米国ミシガン大学の C.K. Prahalad,Venkatram Ramaswamy の両教授によって提唱されたもので，消費生活者が企業活動に参画することで新たな価値創造を行うモデルになる。

価値共創は，企業と消費生活者の間で相互作用が生まれ，お互いが積極的に協力し合うことで，新しい価値を生み出す。この理論は，消費生活者の行動が変化し，消費者生活者と企業が，単なる販売者，購入者の関係ではなく，商品開発や改善策におけるコミュニケーションや情報共有のパートナーとして関係付けられる現在，ますます重要性を増している。

具体的なケースとしては無印良品の IDEA PARK（https://idea.muji.net/）があげられる。消費生活者の「あったらいいな」と思う商品のリクエストを受付し，週 100 件以上寄せられるニーズの高いリクエストをもとに，商品開発や既存商品の改善を行っている。また，消費生活者と企業との共創を支援する価値共創のプラットフォーム「Blabo!」（https://bla.bo/corp）というサービスにおいては, 食品宅配専門スーパー「Oisix」が,「みんなの商品企画部」と銘打ったコミュニティを作り，消費生活者一人ひとりが Oisix の企画者となり,「あったらいいな」と思うアイデアを出し合い，多くの消費生活者に支持されたアイデアが実際に商品化されている。

同様な価値共創の仕組みとして，企業が自社のファンのコミュニティづくりをサポートする「QON」(https://www.q-o-n.com)がある。このプラットフォームにファンコミュニティを作った家庭用ラップの株式会社クレハは，自社商品である「クレラップ」の購入時にもっとも影響を与えるのは,「スパッと切れて気持ちいい」「快感」という体験価値にあることを発見し，CM などの商品の広告に切れ味の快感を訴求している。

クラフトビールの「よなよなエール」などが支持され，増収を続ける長野県の株式会社ヤッホーブルーイングは，徹底的な消費生活者ならびに顧客起点のマーケティングを行っている，定期的に継続購入する仕組み（サブスクリプション）も導入し，忠誠度（ロイヤリティ）の高いファンを育て続けていることが増収につながっている。価値共創戦略の成功事例である。

このように企業は，価値共創をおこなうことで，企業と消費生活者の間で相互作用を生み出し，より良い製品やサービスを作り出し，市場競争力を高めることができるようになった。これはデジタル時代の企業と消費生活者との関係の大きな変化といえる。

1.3　デジタル時代の消費生活者と企業の関係

デジタル時代における消費生活者と企業との関係は，オンライン上での情報接触や，消費生活者と企業との関係の種類や強さを示す変数をもって検討できる。消費生活者と企業との信頼関係に基づく双方向な行動をエンゲージメント行動という。エンゲージメント行動とは，顧客と企業，顧客と顧客，顧客と潜在顧客[1)]とのインタラクション（相互作用）行動を指す（山本, 松村 [2017]）。消費生活者は，ウェブサイトやアプリケーション，ソーシャルメディアなどを通じて企業との関係を構築するだけでなく，製品やサービスについての意見を共有したり，問い合わせをしたり，購入することでも企業との関係を構築している。消費生活者は，購買行動という金銭的な価値だけではなく，購買行動以外でも，企業に付加価値をもたらしている。

消費生活者と企業の信頼関係に基づく価値の構成要素として，Kumar et al[2010] らの研究によると，以下の4つの要素を考慮することで，デジタル時代の消費生活者行動についてより詳しく分析することが可能になるとしている。

①　CLV（Customer Lifetime Value：顧客生涯価値）

CLV は，顧客が企業と長期的に関係を持つ場合に，その顧客が企業にもたらす直接的な金銭的価値を指す。これは，企業が顧客に提供する製品やサービスに関する経験や満足度，またその顧客が将来的にも企業と関係を持ち続ける可能性があるかどうかなどを考慮し，計算されるものである。

② CRV（Customer Referral Value：顧客紹介価値）

CRV は，顧客が企業に与えるクチコミや評判，そしてそれによって企業にもたらされる新規顧客を獲得する間接的な価値指標である。顧客がクチコミや評判を発信することで，企業は新たな顧客を獲得することができる。CRV の高い顧客とは，企業に金銭的価値の高い顧客を数多く紹介できる，新規顧客獲得に高い貢献ができる顧客である。また，企業が仕掛ける友達紹介キャンペーンのポイントやキャッシュバック，クーポンキャンペーンなどの，外発的動機付け施策によって成果が促進される。

③ CIV（Customer Influencer Value：顧客影響力価値）

CIV は，顧客がコミュニティ内で他の顧客に与える影響を計測する指標である。これは，SNS やレビューサイトなどで自らの意見を発信し，その影響力がどの程度あるかを考慮して計算される。顧客が企業の製品やサービスに対して高い評価を与えることで，他の顧客に影響を与え，その顧客も同様に製品やサービスを利用する可能性が高くなる。CRV が，潜在顧客に対して影響力を発揮するのに対して，CIV は，潜在顧客，健在顧客の両方に影響を及ぼすことができる。

④ CKV（Customer Knowledge Value：顧客知識価値）

CKV は，顧客が企業に提供する知識や情報の価値を計測する指標である。顧客は，企業にとって重要な市場動向やトレンド，また自らのニーズや要望を持っている。企業は，これらの情報を収集し，製品やサービスの改善やイノベーションに活かすことで，競争力を維持することができる。顧客が自ら企業にこのような情報を提供する関係構築は，企業と顧客における価値共創戦略の成果のひとつとして位置付けられる。

2　デジタル時代の情報拡散の構造

SNS が普及することで，現在の情報拡散によるコミュニケーションの構造も再整理が必要になる。天野 [2019] によると，情報拡散の構造は，「マスメディア型」「インフルエンサー型」「シミュラークル型」の３つに分けられるとされる。

①　マスメディア型（一般向けのメディアからの発信型）

マスメディア型の情報拡散は，テレビ，ラジオ，新聞，雑誌などのいわゆるマスメディアを介して情報が広まる方法である。このタイプの情報拡散は，一般的に大量の人々に向けた統一されたブランディング価値，また広告やニュースなどの情報を伝えるために用いられる。多くの場合，マスメディア型の情報拡散は，広告主や企業などからの情報を中心に発信展開される。テレビCMを見てほしくなる，新聞の全30段広告を見てブランド価値を再認識するなどの効果がある。マスメディア型の情報拡散において企業は，情報発信のタイミングや規模のコントロールが可能である。

②　インフルエンサー型（影響力のある人物からの発信型）

インフルエンサー型の情報拡散は，SNS上で影響力のある人物（インフルエンサー）が，自身のフォロワーや友人たちに情報を伝える方法である。このタイプの情報拡散は，特定の商品やサービスなどを紹介するマーケティング手法として注目される。インフルエンサー型の情報拡散は，マスメディア型の情報拡散と比較して，よりターゲットを絞り込んで情報を伝えることができる点と，自分が何らかの意図を持ってフォローしている人からの発信という，信頼関係でのつながりを基にした情報の伝播という特徴がある。Instagramでファッションセンスが良いのでお手本にしている人が使用していた商品を買いたくなるなどという行動が該当する。影響力のあるインフルエンサーにどれだけ関心を持ってもらえるかが，情報発信の最初となる。

③　シミュラークル型（不特定多数による同時発信型）

シミュラークル型の情報拡散は，一般的にインターネット上で発生する，個人やグループ間での双方向型の情報共有の形態になる。このタイプの情報拡散は，情報共有が中心で，情報発信元の特定や情報の正確性や信頼性は確認されにくいモデルになる。シミュラークル型の情報拡散は，ソーシャルメディアや掲示板などでのクチコミやレビューなどによって同時水平的に拡散されることで，トレンドが形成されていく。個人やグループ内での信頼関係に基づく情報共有が重視されるため，情報の拡散力と影響力が高まる。例えば，みんなが古民家カフェのピザの写真をあげていて，そこに食べにいくことがおしゃれになるという動機で，実際に古民家カフェのピザを食べに行き，写真をあげることでブームが起こるケースなどが該当する。企業はこのような情報発信の規模やタイミングのコントロールは不可能である。

これらの情報拡散のモデルは，拡散される情報源の対象によって異なる。マスメディア型が効果的な対象もあるし，インフルエンサーが拡散させる場合，また，シミュラークル的に拡散される場合もある。「並行して起こるという意味で，欲望／ニーズの着火点が多様化し，高頻度化している」（天野 [2019]）とされる。デジタル時代の情報発信において企業は，情報発信力に加えて，いかに拡散されるか，シェアしたくなるかという拡散力にも留意していかなければならない。

図表6-2　情報拡散の3つのかたち

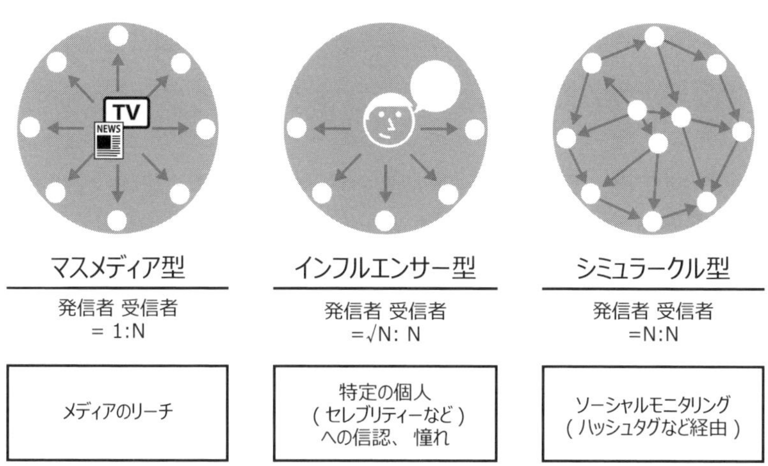

出所：電通報「SNSがもたらした情報の広がり方をモデル化する」より転載
https://dentsu-ho.com/articles/7304　閲覧日2023年4月2日

また，広告やマーケティングの領域において，さまざまな消費者の態度変容モデルが提唱されてきた。日本において最も良く知られたものでは，AIDMA,

AISASがあげられる（第Ⅰ部第3章参照）。AIDMAは，知ってから購入までの態度変容の一連の流れを，段階ごとに対象者が絞り込まれていくファネル（じょうご）状に整理したもので，情報を受けてからの行動は受動的なものである。

一方AISASは，購買後のアクションとしてShare（共有）が追加されている点が重要であり，情報に対して能動的なコミュニケーションと言える。

これらに続いて，注目されるモデルとして，ALSASがあげられる。ALgorithm（アルゴリズム）→ Sympathy（共感）→ Action（共感）→ Share（共有）のフローになる。ALSASは，インターネット広告やSNSにおいて，ユーザーごとに適した情報を独自の基準による計算（アルゴリズム）に基づいて提供する仕組みが，消費生活者と企業や商品との最初の接点とし重要な位置を占めているモデルになる。

AIDMAは受動的な情報接触，AISASは能動的な情報接触，そしてALSASはその間，すなわち中動的な情報接触とされる（天野[2019]）。

3　より汎用性の高いコミュニケーション・モデル

これまでみてきたようなデジタル時代のメディア環境の変化と，ますます個人化・複雑化する消費生活者の購買行動に対して，企業は柔軟な対応力を持つ必要がある。ここで，これまでみてきた価値競争，信頼関係（エンゲージメント）価値，情報拡散，中動的コミュニケーションの流れを整理して，1つのコミュニケーション・モデルを提唱したい。AISAS以降日本におけるコミュニケーション・モデルはさまざまなものが提唱されてきたが，消費生活者の行動はすべてそのような段階的な変化で定義できるものとは言い切れない。消費生活者の態度変容は，曖昧な境界をもちながら連続していると解釈するのが実情である。そこで，汎用性を高めるために抽象度を上げ，能動的，受動的なコミュニケーションの中間をとったモデルとして，以下の3つの態度変容に鑑みたESCモデルを提唱する。

①　E（Encounter：出会い）

消費生活者と情報との接触は，メディアとの受動的接触，自ら手繰り寄せる，検索するなどの能動的な接触，EC サイトの利用履歴などのデータ分析によって，おすすめ情報として提供される予期せぬ中動的な接触に分けられる。ここではそれらをまとめ，消費生活者と情報の最初の接点として「出会い」と解釈した。

②　S（Sympathy：共感）

多様なメディアからの出会いの積み重ねによって，消費生活者は当該商品や企業への共感を持ち，購入することになる。消費生活者と企業の信頼関係価値の視点から考えると，商品の購入が唯一の絶対的なゴールではなく，関係づくりの一里塚と考えるべきではないか。購入による売上は企業の収益源として非常に重視すべきであるが，購入前の消費生活者と企業との信頼関係も含めて考えると，この段階は「共感」という解釈が相応しいと考えられる。

③　C（Co-Creation：共創）

この段階は，購入後の関係づくりになる。購入後の消費生活者は，顧客となるが，今後 CLV（顧客生涯価値），CKV（顧客知識価値）を顧客と企業の信頼関係を測る基準とした長期的なパートナー，価値競争者ととらえるべきである。長期的な顧客関係マネジメント（Customer Relationship Management：CRM）を実施することや，当該商品やブランド，企業に対してのロイヤリティ（忠誠度）を醸成することを目的にコミュニティサイトを作り，顧客＝価値共創者として，さまざまな製品開発のアイデアや情報発信を行うファンを醸成していくことが重要になる。そして，顧客＝価値共創者と企業のコミュニティを作り上げていくことで CLV（顧客生涯価値）の最大化を目指していくことが究極的な目標になるものと考えられるため，この段階を「共創」とした。

図表6-3　ESCモデル

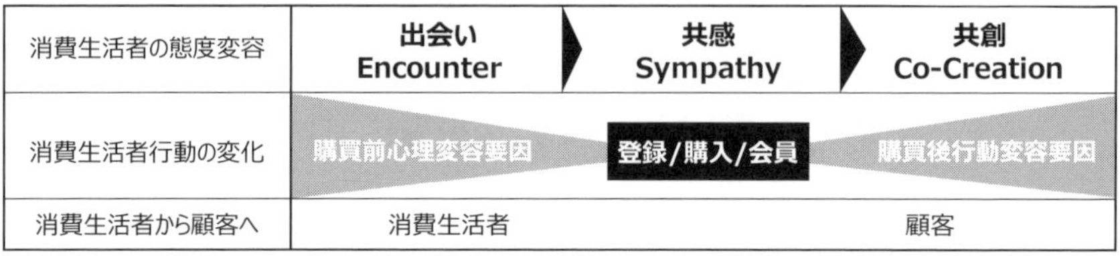
消費生活者の態度変容
出会い
Encounter
共感
Sympathy
共創
Co-Creation
消費生活者行動の変化
購買前心理変容要因
登録/購入/会員
購買後行動変容要因
消費生活者から顧客へ
消費生活者
顧客

出所：神田作成

さらに，ESCモデルに「メディア・ブランディング体系の基本分類」（序章図表序-3）を組み合わせたコミュニケーション・デザインモデルを設定した。ESCというコミュニケーションの3つの変化に，消費生活者および顧客と企業の関係価値に留意しながら的確なメディアを選択して消費生活者を顧客化し，顧客＝価値共創者とのコミュニティ形成を目的とするコミュニケーション設計の枠組みである。本モデルをひな形とした生活文化度別のコミュニケーション・デザインについては第8章で示すことにする。

図表6-4　コミュニケーション・デザインモデル　ESCマトリクス

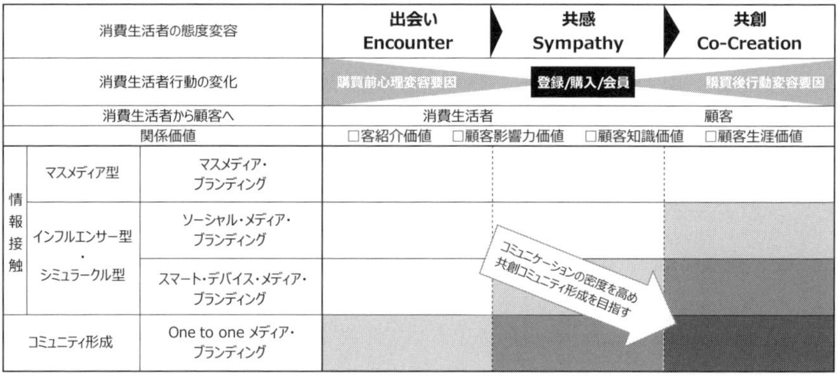
消費生活者の態度変容
出会い
Encounter
共感
Sympathy
共創
Co-Creation
消費生活者行動の変化
購買前心理変容要因
登録/購入/会員
購買後行動変容要因
消費生活者から顧客へ
消費生活者
顧客
関係価値
□客紹介価値
□顧客影響力価値
□顧客知識価値
□顧客生涯価値
情報接触
マスメディア型
マスメディア・ブランディング
インフルエンサー型・シミュラークル型
ソーシャル・メディア・ブランディング
スマート・デバイス・メディア・ブランディング
コミュニティ形成
One to one メディア・ブランディング
コミュニケーションの密度を高め共創コミュニティ形成を目指す

出所：神田作成

注

1）　山本，松村［2017］のいう潜在顧客は，本書でいう消費生活者と解釈できる。

・参考文献

Kumar, V. Aksoy, L., Donkers, B., Venkatesan, R., Wiesel, T. and Tillmanns, S.,[2010] "Undervalued or Overvalued Customers : Capturing Total Customer Engagement Value," Journal of Service Research, August 2010, 13, pp.297-310

Prahalad,C.K., Venkatram Ramaswamy[2004] 価値共創の未来へ—顧客と企業のCo-Creation（有賀裕子訳）武田ランダムハウスジャパン，2004年

天野彬[2019]『SNS変遷史「いいね！」でつながる社会のゆくえ』イースト新書

坂爪拓也ら[2022]「進化する情報接触の実態－ミレニアル・Z・αの3世代間比較調査からの考察」『日経広告研究所報』2022年10月/11月号，pp. 6-13

日経広告研究所[2022]『広告白書2022』日経BPマーケティング

山本晶，松村真宏[2017]「顧客のエンゲージメント価値の測定」『マーケティングジャーナル』第36巻4号　pp.76-93

第７章 ■ 世代別消費生活者特性

1　世代区分でとらえることの意味

世代区分は，消費者の行動や価値観，嗜好性などを分析する上で有効な市場の細分化の分類方法である。各世代において共通する特徴や傾向を把握することで，マーケティングやコミュニケーション戦略を立案する上でのターゲティングの確度を高めることができる。

本章では，世代を以下の７世代に分けて説明する。世代の区分は厳密な定義が定まっているわけではなくさまざまにあるが，本章においては，野村総合研究所「生活者１万人アンケート調査」[1] の分析結果を元にした区分定義を援用し，以下の７世代で整理する。

① 団塊世代（1946 年～ 1950 年生まれ）
② ポスト団塊世代（1951 年～ 1959 年生まれ）
③ バブル世代（1960 年～ 1970 年生まれ）
④ 団塊ジュニア世代（1971 年～ 1975 年生まれ）
⑤ ポスト団塊ジュニア世代（1976 年～ 1982 年生まれ）
⑥ さとり世代（1983 年～ 1994 年生まれ）（ミレニアル世代）[2]
⑦ Z 世代（1995 年～ 2012 年生まれ）

世代区分ごとの特徴として例えば，団塊世代は戦後の高度経済成長期を経験し，生活水準が向上したことから，家族や仕事に対する価値観が強く，安定や確実性を求める傾向がある。一方，バブル世代は高度経済成長期の終わりからバブル崩壊期までの社会情勢を経験しており，個人主義や自己実現，文化的な消費などに価値観が変化している。また，さとり世代は，子供時代には経済的に豊かであり，教育環境が整備された世代であるため，消費意欲が高く，高付加価値な商品やサービスに興味を示す傾向がある。注目を浴びるＺ世代は，もの心ついた時期からデジタルツールが整っていたデジタルネイティブ世代であるため，スマートフォンやSNSなどを積極的に利用し，情報を共有することを好む。オンラインコミュニケーションやデジタルコンテンツの使用が当たり前な世代である。

このように，各世代には，共通する傾向や価値観が存在している。マーケティングやコミュニケーション戦略を立案する上では，これらの共通点や特徴を把握し，ターゲットとする世代に応じて，適切なアプローチを設計することは，マーケティング成果を高める上でも重要なステップとなる。世代区分をマーケティングやコミュニケーション戦略に取り入れることで，以下のようなメリットが考えられる。

①　ターゲットの明確化

世代ごとに嗜好や行動特性が異なるため，マーケティングやコミュニケーション戦略において，ターゲットを明確に設定しやすくなる。例えば，団塊世代は健康や安心・安全に重きを置く傾向があり，その嗜好やニーズに応じた商品やサービスを提供することで，消費生活者へのアプローチ，顧客の獲得や長期的な信頼の向上が期待できる。

②　プロモーション効果の最大化

世代ごとに消費意識や購買行動に差異があるため，マーケティングやコミュニケーション戦略を世代ごとに最適化することで，広告や販売促進効果を最大化することができる。例えば，ポスト団塊世代はインターネットやSNSに対して積極的な傾向があるため，その特性を踏まえたメディア設計，デジタルマーケティングやSNSを活用した広告計画や販売促進策が有効になる。

③　ターゲットビジネスの創出

世代ごとに異なるライフスタイルやライフイベントがあり，それによって消費ニーズやトレンドが変化するため，世代ごとの特性を把握し，新しい商品やサービスを提供することで，ターゲットに絞り込んだビジネスを創出することができる。例えば，さとり世代やZ世代は，スマートフォンやネットショッピングに親和性が高く，その特性を踏まえたネット通販サービスやアプリケーション開発などの可能性は，他の世代に比べて高まる。

2　世代区分ごとの特徴の概観

各世代の特徴をまとめる。図表7-1は，世代別の人口ボリュームと，世代間

図表7-1　世代別人口ボリュームと世代間の関係

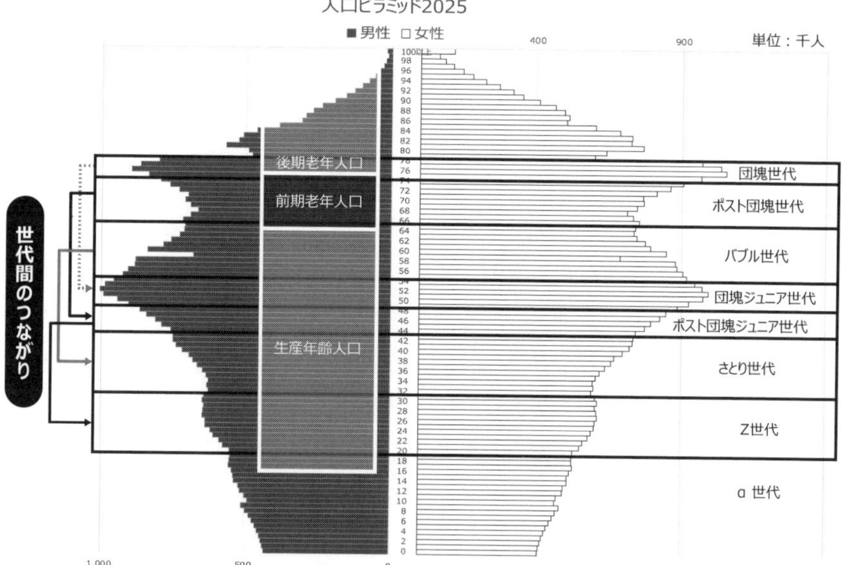

出所：国立社会保障・人口問題研究所「人口ピラミッドの推移」https://www.ipss.go.jp/（閲覧日2023年4月8日）データをもとに神田作成

のつながりを可視化して示したものである。ここで注目したいのは，親子関係による世代のつながりである。子供世代は親世代の影響を受けるので，世代の特徴を明らかにするには，世代間のつながりにも注目する必要がある。特に，祖父母から親，子供の3世代の連結は，利用者と購入者が異なるケースとしてマーケティング的にも重要な視点になる。

各世代区分について，特徴や時代背景，消費行動，メディア接触，ライフスタイルについて，確認していく。

1．団塊世代（1946年～1950年生まれ）

① 特徴：高度経済成長期に生まれ，大量の人口が集中する世代で，現在は定年退職や高齢化により社会から退いていく人も多い。人口ボリュームが大きいため，社会に大きな影響力を持つ世代となった。

② 時代背景：戦後復興期に生まれ，高度経済成長期には日本経済を支える主力となり，仕事に対する献身的な姿勢や忍耐力，責任感，謙虚さなどの価値観が強く，団結力もあり，大企業で働くサラリーマンとしての職業観を持っている。

③ 消費行動：貯蓄に対する価値観が強く，質素で実用的なものを好む傾向がある。高齢化が進んでいるため，健康や介護，年金などの問題に関心が高い。

④ メディア接触：団塊世代は，テレビや新聞などの従来型メディアを主に利用している。特に新聞の利用率は高く，全世代の中でも最も高い傾向にある。また，ラジオの利用も多世代に比べて高く，スマートフォンやSNSなどのデジタルメディアの利用率は低い傾向にある。

⑤ ライフスタイル：家族や職場，地域社会などのつながりが強く，義務や責任感を重んじる傾向がある。

2．ポスト団塊世代（1951年～1959年生まれ）

① 特徴：高度経済成長期の豊かな時代を経験し，高度成長期末期からバブル期にかけての好景気を経験している。団塊世代と比べると少子化の影響を受けたため，将来的には労働力不足が懸念される。

② 時代背景：高度経済成長期の後半期からバブル景気までの時期を経験し，

消費行動や職業観が多様化する。

③　消費行動：消費意欲が高く，高級品やブランド品を好む傾向がある。ライフスタイルにこだわりを持ち，健康や美容，エンターテイメントなどに興味がある。

④　メディア接触：ポスト団塊世代は，団塊世代と同様に従来型メディアの利用が高い傾向にある。特に新聞の利用率は高く，団塊世代よりもラジオの利用率が低い一方で，テレビの利用率は世代平均よりも高い傾向にある。デジタルメディアの利用率は，団塊世代と比較すると若干高い傾向にある。

⑤　ライフスタイル：個人主義的な傾向があり，自己実現やライフスタイル重視などの価値観が強くなっている。

3．バブル世代（1960年～1970年生まれ）

①　特徴：バブル景気時に社会人となった世代で，経済的に豊かであったことから，消費志向が強く，ファッションやライフスタイルなどのトレンドに敏感である。経済的な豊かさに慣れ親しんでいる世代である。

②　時代背景：高度経済成長期の後期からバブル景気までの時期を経験し，特にバブル景気の経済的繁栄に対して強い印象を持っている。

③　消費行動：消費意欲が高く，高級品やブランド品，ファッションなどに興味がある。ライフスタイルにもこだわりを持ち，自己実現や自己表現を重視する傾向がある。

④　メディア接触：バブル世代は，従来型メディアとデジタルメディアをバランスよく利用している。テレビとインターネットの両方を活用。また，スマートフォンやSNSなどのデジタルメディアの利用率も，団塊世代やポスト団塊世代よりも高い傾向にある。

⑤　ライフスタイル：高い目標を持ち，自己実現を求める傾向がある。また，グローバル化が進み，海外旅行や海外文化にも関心がある。

4．団塊ジュニア世代（1971年～1975年生まれ）

①　特徴：この世代は，団塊世代の子供にあたり人口が多い。バブル崩壊後の長期的な不況期に直面し，就職難や格差の拡大などの問題に直面してきた。

一方で，親の世代である団塊世代から受け継いだ価値観や忍耐力，努力家精神なども持ち合わせており，社会に貢献することを求める傾向がある。

② 時代背景：バブル景気の崩壊や長期不況期を経験しているため，社会不安感が強く，不安定な社会情勢に適応しようと努力している。

③ 消費行動：団塊世代の親から，労働や貯蓄に対する価値観を受け継ぐ。ブランドよりもリーズナブルなものを求める。高齢化が進んでいる親の介護や，自身の将来について考える機会が増えているため，健康や年金，保険などに関連する商品やサービスに対してニーズがある。

④ メディア接触：バブル世代と同様に従来型メディアとデジタルメディアをバランスよく利用している。スマートフォンやSNSなどのデジタルメディアの利用率もバブル世代とほぼ同じレベル。パソコンや携帯電話の普及により，情報収集や交流手段が多様化している。

⑤ ライフスタイル：自己実現よりも安定を求める傾向があり，家族や友人とのつながりを重視する。

5．ポスト団塊ジュニア世代（1976年～1982年生まれ）

① 特徴：多様性やインクルーシブな社会の重要性に対する意識が高く，仕事とプライベートのバランスを重視する傾向がある。

② 時代背景：バブル崩壊後の不況期やリーマンショックなどの経済危機を経験してきたこの世代は，就職難や長時間労働，非正規雇用などの社会問題に直面している。

③ 消費行動：経済的な不安を感じているため，団塊ジュニア世代と同様にリーズナブルな価格帯のものを選ぶ傾向があるが，個性的なものにも関心がある。ライフスタイルにもこだわりを持ち，健康や美容，エコロジー，グルメなどに興味がある。テクノロジーにも精通しているため，デジタル製品やサービスに対してもニーズがある。

④ メディア接触：パソコンやスマートフォンが普及し，SNSや動画配信サービスなどのインターネットメディアが主流となっている。テレビやラジオ，新聞や雑誌も利用されるが，情報収集や交流の場はインターネットが中心で

ある。

⑤　ライフスタイル：自己実現や自己表現を重視する傾向があり，個人的な趣味や興味を追求するライフスタイルを好む。また，グローバル化が進み，海外旅行や海外文化にも興味を持つ。

6．さとり世代（1983年～1994年生まれ）

①　特徴:「失われた20年」と呼ばれる経済危機が続く中で育った世代であり，消費意識は保守的で，安定志向。教育現場での「ゆとり教育」が行われたことは，競争よりも強調重視の特徴に影響を与えていると思われる。

②　時代背景：世界的なIT革命の波に乗り，スマートフォンやSNSが普及するなど，情報技術を自由自在に扱うことができる環境で育った。

③　消費行動:ライフスタイルにもこだわりを持ち，健康や美容，エコロジー，趣味などに興味がある。消費行動も保守的で失敗したくない傾向が強い。「モノ」より「コト」重視，つながりを重視する。

④　メディア接触：パソコンやスマートフォンをメインに利用し，テレビやラジオ，新聞や雑誌はあまり利用しない。この世代は，ネットやSNSの普及により情報にアクセスしやすく，インターネットの利用は1日あたり3時間に及ぶ。

⑤　ライフスタイル：自己実現や自己表現を重視する傾向があり，自己中心的なライフスタイルを好む。また，多様な価値観を受け入れる傾向があり，他者との共生を大切にする。

7．Z世代（1995年～2012年生まれ）

①　特徴：スマートフォンやタブレットなどの情報技術に親しむ世代であり，生まれた時からインターネットが普及していたため，デジタルネイティブと呼ばれる。

②　時代背景：金融危機や原発事故など，社会的な不安定要素が多い時代を生きている。

③　消費行動:ライフスタイルにもこだわりを持ち，健康や美容，エコロジー，エンターテイメントなどに興味がある。消費行動は，個性的なものやオリジ

ナルなものを求める傾向があり，共感できるブランドや商品を選ぶ傾向がある。自動車，酒，海外旅行などへの関心は他の世代に比べて低い。エシカル消費に関心を持っている。

④　メディア接触：スマートフォンなどの携帯端末を使った情報収集やSNSを活用する。また，動画共有サイトや音楽ストリーミングサービスを利用する傾向が強く，テレビ視聴時間は他の世代に比べて短い。一方，スマートフォンの利用時間は1日あたり3時間強で，SNSの利用についても，他の世代に比べて時間を費やす傾向があり，特にInstagramやTikTokなどの若者向けSNSを好んで利用している[3)]。

⑤　ライフスタイル：自己表現や自己主張をすることを重視する傾向があり，自分らしさを大切にするライフスタイルを好む。多様な価値観を受け入れる傾向があり，つながり重視で，インターネットで知り合った友人は2割程度いる。

これらの世代の定義と，前述した補足的な特徴について，野村総合研究所が「生活者1万人アンケート調査」の分析結果をもとに分析したものを図表7-2に示した。これらのデータから世代ごとの特徴が明らかになってくる。世代区分によるターゲティングをおこなったマーケティング施策立案で留意すべき点は，すべての消費生活者が一様にこの世代区分に当てはまるわけではないということである。したがって効果を高めるためには，世代区分による画一的な一般化に頼るのではなく，対象とした層への調査や分析も合わせて検討する必要がある。

図表7-2　参考資料：世代の定義と主な特徴

世代名	一般的な定義	本書の定義 （年齢は2021年現在）	主な特徴
団塊世代	戦後の1947~49年の3年間に生まれた第一次ベビーブーム世代	1946~50年生まれ （71~75歳）	・人口が多く厳しい競争環境下で成長 ・「男は仕事、女は家庭」の性別役割分業意識から夫婦歩み寄りの価値観へ ・流行に敏感 ・人とのつながりを重視 ・情報収集はテレビ、ラジオ、新聞が中心
ポスト団塊世代	団塊世代の後に生まれた世代	1951~59年生まれ （62~70歳）	・団塊世代の後を追って成長 ・人とのつながりを重視 ・スマホ保有率は6割で団塊世代の3割よりは高いものの、情報収集はテレビが中心
バブル世代	バブル経済期に社会人となった世代で1965~70年生まれを指すことが多い	1960~70年生まれ （51~61歳）	・右肩上がりの消費生活を謳歌して成長 ・女性の就業には自由な考え方をもつ ・ブランド志向が強く、他人からどう見られるかを気にする ・最近、百貨店の利用が復活 ・情報収集はテレビとインターネットの両方を活用
団塊ジュニア世代	1971年~1974年の第二次ベビーブームに生まれた世代	1971~75年生まれ （46~50歳）	・団塊世代の子供に当たり、人口が多い ・就職氷河期の影響を受けた世代 ・学歴重視で子供の教育にはお金をかける ・他人より自分を大事にするマイペースな価値観 ・子供のときに誕生したテレビゲーム、マンガ、コンビニとともに育った世代 ・情報収集はインターネットが中心
ポスト団塊ジュニア世代	団塊ジュニア世代の後に生まれた世代	1976~82年生まれ （39~45歳）	・さらに就職氷河期が続く2000年前後以降に就職した世代 ・自分のライス不タイルへのこだわりが一層、強くなった世代 ・よりデジタル情報志向が強い
さとり世代	バブル経済崩壊後の時期に成長した世代	1983~94年生まれ （27~38歳）	・失われた20年の中で成長しており、超安定志向で競争よりも協調重視 ・仕事よりもプライベート重視の傾向が強い ・インターネット利用が1日約3時間に及ぶ ・消費意識も保守的で失敗したくない傾向が強い
Z世代	インターネット、スマートフォンが既に身近にあって育った世代	1995~2003年生まれ （15~26歳）	・高校生になる前にスマホが発売されている世代 ・SNSで情報発信する傾向がさらに強い ・つながり重視でインターネットで知り合った友人は2割いる

出所：「「競争より強調」失敗したくない気持ちからくるさとり世代・Z世代のライフスタイル」『知的資源創造』野村総合研究所（2022年10月）より転載

3　今後の消費の主役になるZ世代について

Z世代は，国連統計を行うブルームバーグによると2019年の世界人口77億人のうち32%を占め，世界的に注目が集まっている層である。生まれた時からデジタル技術が発達しているデジタルネイティブ世代であり，オンライン上でのコミュニケーションや情報収集に慣れ親しんでいる。また，インターネットやスマートフォンが身近な存在となっているため，オンラインショッピングやオンラインコンテンツの消費に対しても積極的である。そのため，従来のマーケティング手法だけではZ世代へのアプローチは難しく，Z世代の嗜好や関心に合わせて，より個別化されたアプローチを採用する必要がある。

Z世代へのマーケティングの具体的なポイントを以下に整理する。

①　オンラインコミュニケーションの活用

Z世代は，SNSやチャットアプリなどを活用したオンラインコミュニケーションに慣れ親しんでいるため，オンラインチャネルを活用して，商品やサービスについての情報発信やコミュニケーションを図ることが重要になる。

②　体験重視の消費

Z世代は，商品やサービスを実際に体験することを重要視する。例えば，オンラインでの試着サービスや，商品の使用方法を実際に体験できるようなプレゼンテーションなどが有効である。したがって，ネットだけではなく，リアル店舗も併せたオムニチャネルでのアプローチが重要になる。

③　社会的貢献への関心

Z世代は，社会的貢献やSDGs，ボランティア，エシカル消費（倫理的に正しい消費）に対して積極的な関心を持っている。そのため，環境に優しい商品や,社会的に意義のある取り組みに対して好意的に受け止める傾向がある点も，重要なポイントとなる。

④　衝動買いをしない

広告も含め，SNSを中心とした「偶然の出会い」の積み重ねが購買意欲を高める。しかしながら実際の購入時には，購買意欲を高める要因となった商品やサービスの特徴を満たした，似た別ブランドの商品を買う可能性も高い[4)]。Z世代の特徴に合わせた商品開発や,マーケティング戦略の立案が必要になる。今後の消費市場において非常に重要な位置を占めることが予想されるZ世代は，彼らが持つ特徴や嗜好をよく理解し，適切で確度の高いコミュニケーション設計が必要になる。

次章では，世代別と生活文化度との関係，コミュニケーション・デザインのポイントについて検討していく。

注

1)　株式会社野村総合研究所は，1997 年以降，3 年に 1 回，全国 15 歳～ 79 歳の計 1 万人を対象に，訪問留置法で生活像や生活価値観，消費実態を尋ねるアンケート調査を実施している。

2)　米国ビュー・リサーチ・センターの定義によると，ミレニアル世代は 1981 年～ 1996 年生まれとされ，本分類のさとり世代と近しいためここに配している。

3)　『時系列データ（生活者 1 万人アンケート）から読み解く日本人のメディア利用行動』株式会社野村総合研究所　2022 年 9 月

4)　坂爪拓也ら [2022]「進化する情報接触の実態－ミレニアル・Z・αの 3 世代間比較からの考察」『日経広告研究所報』2022 年 10 月 /11 月号，pp.6-13

・参考文献

国立社会保障・人口問題研究所　「人口ピラミッドの推移」 https://www.ipss.go.jp　閲覧日 2023 年 4 月 8 日

坂爪拓也ら [2022]「進化する情報接触の実態－ミレニアル・Z・αの 3 世代間比較調査からの考察」『日経広告研究所報』2022 年 10 月 /11 月号，pp.6-13

林裕之 [2022]「「競争より協調」失敗したくない気持ちから来るさとり世代・Z 世代のライフスタイル」『知的資産創造』野村総合研究所，2022 年 10 月号，pp.58-77

第8章■生活文化度でとらえるコミュニケーション・デザイン

1　世代区分と生活文化度による消費生活者の細分化

メディアを利用したマーケティング施策を展開する際，ターゲット市場を正確に把握する重要性は自明のことである。そのためには，市場を小さなグループに分割し，それぞれに異なるマーケティング戦略を適用することが重要になる。

市場を細分化することによって，ターゲット市場をより詳細に理解し，消費生活者のニーズや要望に対応する製品やサービスを提供することができる。さらに，マーケティングのROI（Return On Investment：投資利益率）を最大化するための最適なメディアを特定することができる。

例えば，ある企業が若い女性をターゲットにした製品を開発する場合，ターゲット市場の細分化を行い，狙うべき層を明確にすることで，このグループがどのような嗜好を持っているか，どのようなメディアを利用しているかを把握することができる。その情報をもとに，適切なメディア（例えば，Instagramや TikTok など）を選択し，コミュニケーション戦略を立案することができる。

一般的に，市場の細分化の方法としては以下に分けられる。

① デモグラフィック分類：消費生活者を年齢，性別，教育，職業などの属性に基づいて分類する。男女別，年齢層別，教育水準別など。世代区分はこの分類である。

② ジオグラフィック分類：消費生活者を地理的な場所に基づいて分類する。

都市別，地域別，国別など。

③　行動的分類：消費生活者の行動に基づいて分類する方法。商品の購入頻度，購入金額，利用頻度，接触メディア，利用メディアなど。

④　心理的分類：消費生活者の人格特性，ライフスタイル，価値観に基づいて分類する。価値観，興味・関心，好みなど。

⑤　アルゴリズムデータ分類：個人の行動履歴やインターネット上のアクティビティなど行動履歴データを基に分類する。機械学習やAI技術を利用して，消費生活者のニーズをより正確に理解することができるようになる。デジタル・メディア・ブランディングにおいて非常に重要な分類方法である。

生活文化度でとらえるコミュニケーション・デザインの重要性については第5章で示された。世代区分ごとの特徴については，第7章において示した。本章では，デモグラフィック分類と心理的分類の組み合わせといえる，世代区分の特徴と生活文化度という2つの軸での市場の細分化を試みる。

生活文化度分類とは，消費生活者の文化構造を生活文化度別に分類した考え方で，以下の4つに分類されるものである。

①　感性リッチ型生活文化度
②　ハイリッチ型生活文化度
③　エンジョイ型生活文化度
④　安定型生活文化度

生活文化度分類をメディア・ブランディングに活かすには，消費生活者の本音を洞察するというインサイト分析が不可欠であり，狙うべきターゲット層における文化的価値を理解する方法として，10項目から構成される「ライフスタイル感性分析」が示されている（第5章参照）。「ライフスタイル感性分析」は，生活文化度を理解する上で有効な分析手法となっている。

さらに，生活文化度別の購買行動について，メディア・コンタクト・ポイント要因，購買前心理変容要因，購買後行動変容要因の3つの段階ごとに，利用メディアと心理変容について，山本ひとみ[2012] により説明されているものとして，図表 8-1 の「生活文化度別購買行動と心理変容」がある。

図表8-1　生活文化度別購買行動と心理変容

	メディア コンタクトポイント要因	購買前心理変容要因	購買後行動変容要因
感性リッチ型生活文化度	能動的情報収集 スマートデバイス・メディア デジタルマガジン one to one メディア 仕事仲間、同趣味仲間口コミ	自己再発見できる メディアのマッチング 専門家によるアドバイス 感性的カスタマイズ	自己再発見満足 リピート フィードバック 同感性の人と情報共有したい （交流サイトへ口コミ）
ハイリッチ型生活文化度	特別情報提供 one to one メディア （個別リアルアプローチ） 家族、友人口コミ マスメディア（クラスメディア）	特別感 優越感の おもてなし対応 ハイクオリティ	ステイタス満足→リピート フィードバック 次回も特別感を味わいたい （店舗へ再来店） 身近な人に見せたい （家族、友人に口コミ）
エンジョイ型生活文化度	交流型情報交換 ソーシャルメディア スマートデバイス・メディア 交流サイト、家族、 友人口コミ ファッション雑誌	交流サイト、口コミでの 共感・共有意識のつながり スマホチェックインサービス 共感型接客販売 高感度値頃	共感満足→リピート フィードバック 身近な人と親睦を深めたい （家族、友人に口コミ） 多くの人とつながりたい （交流サイトに口コミ）
安定型生活文化度	生活密着型情報提供 マスメディア ソーシャルメディア 家族、友人口コミ	潜在的ニーズとメディア、 口コミのマッチング 良品低価	商品満足→リピート フィードバック 身近な人に教えてあげたい （家族、友人に口コミ）

出所：山本ひとみ[2012]「第2部 生活文化的メディア・コンタクト・ポイント」菅原正博，山本ひとみ，大島一豊『メディア・ブランディング－新世代メディア・コミュニケーション』p.81 より転載

この「生活文化度別購買行動と心理変容」に加え，各生活文化分類ごとの特徴，「ライフスタイル感性分析」などの情報を元に，生活文化度の特徴について7つの世代別に示したものが，図表 8-2 の「世代区分×生活文化度マトリクス」になる。縦軸に世代区分，横軸に生活文化度を配したマトリクスである。

世代別の特徴と，生活文化度の特徴から 28 の象限に分けられたものであるが，当然ながら世代の特徴や，生活文化の特徴は，明確にグリッドで分けられるものではない。ゆるやかな境目の連続した分類であり，グリッドをまたぎながら特徴的な傾向が見受けられ，その特徴を把握しながら，ターゲットを絞ったコミュニケーション・デザインの確度を上げるために整理した分類表である。

図表8-2　世代区分×生活文化度マトリクス

生活文化分類		安定型生活文化	エンジョイ型生活文化	ハイリッチ型生活文化	感性リッチ型生活文化
世代区分	年齢 2024年時点				
団塊世代 1946年～ 1950年生まれ	74～78歳	マスメディア（テレビ・ラジオ・新聞）による、良いものを安く、シンプルなコミュニケーション設計 健康に関わるサブスクリプションサービスにチャンス 自分よりも孫への支出を提案できる世代	趣味や習い事、地域活動を通じて知り合った友人との付き合いが増える世代 コミュニティ価値商品として、クチコミによって広がるプロモーションが有効	マスメディア（テレビ・ラジオ・新聞）訴求 健康に関わるサブスクリプションサービスにチャンス 自分よりも孫への支出を提案できる世代	マスメディア（テレビ・ラジオ・新聞）訴求 健康に関わるサブスクリプションサービスにチャンス 自分よりも孫への支出を提案できる世代
ポスト団塊世代 1951年～ 1959年生まれ	65～73歳	情報収集はテレビ、良いものを安く、シンプルなコミュニケーション設計スマホ利用も可能	時間的余裕も増え、人とのつながりを重視する世代であり、エンジョイ型生活文化と相性の良いセグメント センスが良いものを、Facebookなどの年代層が利用するSNSなどのプロモーションで訴求	定年後、時間とお金にゆとりがあり、物販の場合は、自分投資価値商品としてのストーリーを描いたブランディングが必要 旅行など時間価値商品のニーズは高い	ハイセンスなこの世代は重要なターゲット 高額商品は個客アプローチがポイント 芸術、旅行などはハイグレードなものを求める
バブル世代 1960年～ 1970年生まれ	54～64歳	Webメディアの活用による告知ブランド志向は高いが、デイリーユース、生活密着型商品は、良品低価格を求める	バブル世代は、組織よりも個を重視 好感度値頃、生活付加価値商品としてSNS広告展開	ブランド志向は根強く、他人からどう見られるかでブランドを選ぶ傾向が強く、中心セグメントに テレビCMの影響力は強い層	ブランド志向は根強く、他人からどう見られるかでブランドを選ぶ傾向が強く、百貨店利用頻度が増えているため、中心セグメントに テレビCMの影響力は強い層
団塊ジュニア世代 1971年～ 1975年生まれ	49～53歳	質よりも価格を重視し、リーズナブルな価格帯のものを選ぶ傾向がある層 共働き世代も多く、利便性を求めるため、EC、ネットスーパー、サブスクリプション型の提供も効果的 人口ボリュームもあるので、メインターゲット	人口ボリュームはあるが、「ひとり志向」が強いため、繋がり重視感は希薄 インターネットでの情婦提供	人口ボリュームもあるので、メインターゲット 他人よりも自分重視のため、自分へのご褒美的なストーリー訴求が効果的	他人よりも自分志向 自分への投資価値商品として訴求 人口ボリュームもあるので、メインターゲット
ポスト 団塊ジュニア世代 1976年～ 1982年生まれ	42～48歳	ライフスタイルにこだわりがあるため、リーズナブルだが、個性的な商品を選ぶ傾向がある 訴求はSNS	レビューサイトやSNSでの情報提供が効果的	「自分のライフスタイルにこだわって商品を選ぶ意識」が高く、ライフスタイル提案型のプロモーションが効果的 肩書き重視価値観が高い世代である点を捉えた訴求	画一的なものではなく、個性やライフスタイルを貫く世代 企業発信よりも、レビューやブログなどSNS訴求が効果的
さとり世代 1983年～ 1994年生まれ （ミレニアル世代）	30～41歳	安定型生活文化層は少ないと思われるが、消費行動も保守的で失敗したくない傾向が強いため、WebやSNSでのコミュニケーションが効果的「モノ」より「コト」重視、つながりを重視する	繋がり重視である点は、エンジョイ型生活文化層の特徴がはっきり出る世代 競争よりも協調重視世代 ネットの利用時間が多いが、SNSでの訴求が効果的	「失われた20年」の低成長時代で過ごしているため、消費行動が保守的で、ブランド志向は低い SNSなどで信頼性を高めるブランディングが必要	消費意識が保守的な世代であるが、感性リッチ型生活文化層は特化したクラスターとして存在していると思われる 狭めたセグメントでOne to oneによるアプローチがポイント
Z世代 1995年～ 2003 年生まれ	18～29歳	安定型生活文化層は少ないと思われるが、エシカル意識が高いため、社会的に意識の高い点からの訴求は重要	ネットを活用したつながりを重視する点は、リアルなつながりを重視するエンジョイ型生活文化の高齢層とは異なるため、ネットのコミュニティを有効に活用するプロモーションがポイントに	所得が増えていくと今後の中心ターゲットに インフルエンサーや気の合う仲間からの影響力を受ける パーパスを明確に示すブランディングは不可欠	所得が増えていくと今後の中心ターゲットに エシカル系に意識が高いので、個々の商品ブランドよりも企業姿勢などのパーパス訴求によるブランディングがポイント

出所：神田作成　グレー網掛け部分は，該当する世代区分と生活文化度の適合が高いと想定される区分

2　生活文化度別コミュニケーション特性

次に，生活文化度別のコミュニケーション特性について整理し，メディア・ブランディングの体系についての整理を試みる。ALSASモデル（第II部第6章）で示されたように，テクノロジーの進化が行動履歴に基づく提案的な出会いを作り出し，メディア・コンタクト・ポイントも変化している。メディア・ブランディングの体系については，本メディア・ブランディングシリーズにおいて一貫して説明され，本書の序章でも示された「メディア・ブランディング体系の基本分類」を援用する（序章図表序-3参照）。

このメディア・ブランディング体系の基本分類に加えて，第II部第6章で示した，信頼価値の4つの要素（CLV，CRV，CIV，CKV），情報発信と拡散の3つの分類（マスメディア型，インフルエンサー型，シミュラークル型）を加え，メディア・ブランディングの計画立案の際に，生活文化度ごとにどこにウェイトをおくべきかについて検討を行った。

前掲の図表8-1の「生活文化度別購買行動と心理変容」におけるメディア・コンタクト・ポイント要因は，生活文化度ごとに，生活密着型情報提供，交流型情報交換，特別情報提供，能動的情報収集とされる。また，「メディア・ブランディング体系の基本分類」においてメディア分類は，マスメディア・ブランディング，ソーシャル・メディア・ブランディング，One to one メディア・ブランディング，スマート・デバイス・メディア・ブランディングの4つに分けられる。

信頼価値については，各生活文化度分類にどの程度エンゲージメント価値が影響力を持っているかについての上記の4つの指標，CLV（Customer Lifetime Value：顧客生涯価値），CRV（Customer Referral Value：顧客紹介価値），CIV（Customer Influencer Value：顧客影響力価値），CKV（Customer Knowledge Value：顧客知識価値）をもって説明するものとした。安定型生活文化度分類よりも，感性リッチ型生活文化度分類などの感性価値に重きを置くセグメントのほうが，エンゲージメント価値への影響が強いと想定される。

また，情報発信と拡散の3つの分類が与える影響については，マスメディア型の発信力の強さ，インフルエンサー型の影響力の強さ，シミュラークル型の拡散力の強さを検討した。生活文化度分類ごとに，消費生活者が受ける影響度が異なると考えられる。以上のような視点を踏まえながら，生活文化度分類ごとのコミュニケーション特性について整理したものが図表8-3になる。

図表8-3　生活文化度別コミュニケーション特性

生活文化分類	安定型生活文化	エンジョイ型生活文化	ハイリッチ型生活文化	感性リッチ型生活文化
特徴	保守的・落ち着き重視	関係性重視	人よりも裕福感	自己実現欲求を重視
属性	フォロワー	マジョリティ	オピニオンリーダー	マーケットリーダー
欲求スタイル	安全保全欲求	集団的帰属欲求	自我発揮欲求	自己実現欲求
キーワード	親しみ感・安心感	共感・参加型	ステイタス（ハイセンスなファッション性）	新発見
メディアコンタクトポイント要因	生活密着型情報提供	交流型情報提供	特別情報提供	能動的情報収拾
主なコンタクトポイント	TVCM・折り込み広告・クチコミ	SNS・友人知人家族のクチコミ	販売員のダイレクトアプローチ 友人・知人のクチコミ	出会った情報について調べる
主な対象	40代以上（女性層）	若者層、OL サラリーマン 主婦、熟年層	コンサバティブ プチセレブリティ	エグゼクティブキャリア（30～50代） ハイセンスなポスト団塊世代
メディアブランディング体系の基本分類（主役 ◎ 脇役 ○） 知識変容メディア 不特定多数メディア マスメディア・ブランディング	◎	○	◎	○
メディアブランディング体系の基本分類 知識変容メディア 不特定多数メディア ソーシャル・メディア・ブランディング	◎	◎	◎	○
メディアブランディング体系の基本分類 行動変容メディア 特定多数メディア One to one メディア・ブランディング	○	○	○	◎
メディアブランディング体系の基本分類 行動変容メディア 特定多数メディア スマート・デバイス・メディア・ブランディング	○	◎	○	◎
接触情報影響度（強 ◎ 弱 ○） マスメディア型 不特定多数へ発信される情報 **発信力**	◎	○	○	◎
接触情報影響度 インフルエンサー型 影響力のある人から発信される情報 **影響力**	○	◎	◎	◎
接触情報影響度 シミュラークル型 みんながみんなに発信する情報 **拡散力**	○	◎	◎	○
エンゲージメント価値影響度（強 ◎ 弱 ○） Customer Lifetime Value (CLV)顧客生涯価値 購買行動から得られる顧客生涯価値	○	○	◎	◎
エンゲージメント価値影響度 Customer Referral Value (CRV) 顧客紹介価値 クチコミによる新規顧客獲得価値・外発的動機付け起因	○	◎	◎	◎
エンゲージメント価値影響度 Customer Influencer Value (CIV)顧客影響力価値 潜在顧客・既存顧客に対して影響を及ぼし、利用拡大や継続利用に貢献する価値・内発的動機付け起因	○	◎	◎	◎
エンゲージメント価値影響度 Customer Knowledge Value (CKV)顧客知識価値 知識やフィードバックによってイノベーションや改善に貢献する価値	○	○	○	◎
コミュニケーションの切り口	コーズマーケティング	交流サイトなどの友達的コミュニケーション	自社ブランドのエコシステム（コミュニティ形成）	パーパスの訴求 自社ブランドのエコシステム（コミュニティ形成）
その他の特徴など	・庶民的で信頼できるメディア ・良いものを安く買いたい ・親しみ感と安心感 ・バリエーション豊富に選択したい ・大型量販店利用 ・一方通行不特定多数	・絆・つながり ・健全、安心、安全に安心感 ・センスが良いものを値頃に ・共感し身近に ・人とのつながりをもって楽しんで生活していきたい	・伝統的で信頼性が高い、ハイセンス ・本物 ・私だけに、特別感 ・老舗ブランドへの信頼 ・見極める選択眼 ・個別アプローチ ・ハイセンスなメディア選択	・ハイセンスでダイナミック ・コト提案 ・パーパス訴求 ・ヴィジュアルインパクト →詳細検索 ・ダイアログ型ソーシャルメディア活用

出所：神田作成

本図表は，生活文化度別にコミュニケーションの留意点を整理したもので，生活文化度で消費生活者を分類した際のメディア・ブランディングのポイントについて確認できるものである。本指標を基礎資料として，次に，生活文化度別のコミュニケーション・デザインについて検討を進める。

3　生活文化度別コミュニケーション・デザイン

生活文化度別にコミュニケーションの特徴を把握した上で，生活文化度ごとのコミュニケーション・デザインの仮説モデルを検討する。

基本モデルは第Ⅱ部第６章で提唱した，デジタル時代の中動的なコミュニケーション・モデル，ESC モデルを表の横軸に，メディア・ブランディングの基本体系を表の縦軸に設定し，それぞれが交わる象限に該当するメディアを配することで，コミュニケーション設計の際に必要なメディアを選択していくというものである。

ESC モデルは，汎用性を高めるために，コミュニケーションの流れを，能動と受動の間の中動にとり，Encounter（出会い），Sympathy（共感），Co-Creation（共創）のシンプルな３つの変化で消費生活者の態度変容を示すものである（第Ⅱ部第６章参照）。

商品やサービスについての最初の接触は，メディアとの受動的接触，自ら手繰り寄せる，検索するなどの能動的な接触，アルゴリズムの分析によって，おすすめ情報として提供される予期せぬ出会いを含めて，最初の接点としてEncounter（出会い）としている。

次に消費生活者は，当該商品や企業への共感を得ることができて初めて，購入することになる。信頼関係構築の視点から考えると，商品の購入が必ずしもゴールではなく，購入に加えて，購入以外の信頼関係を構築する要素も含め，この段階を Sympathy（共感）と解釈している。

商品を購入した消費生活者は顧客となるが，今後顧客生涯価値，顧客知識価値を信頼関係づくりの要素とした長期的な関係を築くパートナー，価値競争者ととらえるべきであるという考えから，Co-Creation（共創）を購入後のフェーズとしている。

このコミュニケーション・モデルでは，メディアの機能や役割に鑑みて，想定されるメディアを，効果が発揮できる段階（マトリクスで区切られた象限）に割り振っている。狙うべきターゲット層が変わる場合，対象とする商品やサービスによって必要なメディアを選び直すことで，より確度の高いコミュニケーション・デザインを可能にするものである。

図表8-4　コミュニケーション・デザインモデル　ESCマトリクス

消費生活者の態度変容			出会い Encounter	共感 Sympathy	共創 Co-Creation
消費生活者行動の変化			購買前心理変容要因	登録/購入/会員	購買後行動変容要因
消費生活者から顧客へ			消費生活者		顧客
関係価値			□客紹介価値　□顧客影響力価値	□顧客知識価値	□顧客生涯価値
情報接触	マスメディア型	マスメディア・ブランディング	□TV（CM、番組タイアップ） □PR（戦略PR） □新聞広告（意匠、記事態） □新聞折込チラシ □雑誌広告（意匠、編集タイアップ） □OOH（屋外広告・交通広告） □インターネット広告（ディスプレイ広告、動画広告、検索連動型広告、成果報酬型広告、その他） □SNSディスプレイ広告 □展示会・イベント	□ECサイト・ランディングページ □SNSターゲティング広告	□顧客による情報発信
情報接触	インフルエンサー型・シミュラークル型	ソーシャル・メディア・ブランディング	□SNS閲覧・検索 Instagram、Youtube、Twitter, TikToKなど投稿サイト □レビューサイト クチコミ（リアル、SNSなど）	□比較サイト（価格.comなど） □ECサイトレビュー □SNSレビュー	□ファン顧客によるSNS投稿 Instagram、Youtube、Twitter, TikToK投稿サイト □レビューサイト クチコミ（リアル、SNSなど）
情報接触	インフルエンサー型・シミュラークル型	スマート・デバイス・メディア・ブランディング	□スマートフォン □ビーコン、ポッドキャスト □スマホクーポン □スマホ会員 □電子書籍	□スマホ決済プラットフォーム	□スマホデバイスを利用した会員カード
コミュニティ形成		One to one メディア・ブランディング		□店頭・接客 □会員登録（購買時） □訪問販売（外商） □コールセンター □購買履歴分析からのレコメンド	□メール配信（メールマガジン、クーポンメールなど） □DM □CRM（Customer Relationship Management） □顧客ファンコミュニティ
				□コミュニティ形成・情報発信・情報交換	

共創コミュニティ形成を目指す（縦矢印）

共創コミュニティ形成を目指す（横矢印）

出所：神田作成

消費生活者の態度がESCの流れに沿って変化しながら，コミュニケーションの深度が深まる。図表8-4の矢印のように，共創コミュニティの形成を目指し，全体では右下に向けてコミュニケーションを深めていくことで，価値共創を目指したメディア・ブランディングを検討するモデルである。

次に，このESCマトリクスをベースに，生活文化度ごとにコミュニケーション・デザインを検討していくこととする。生活文化度ごとのライフスタイルや消費傾向を把握することができるため，的確なメディア選定が可能になる。生活文化度ごとの特徴に鑑みたコミュニケーション・デザイン戦略を取り入れることで，長期的な関係を築く共創コミュニティの形成を目指したメディア・ブランディングの確度が高くなる。

3.1　感性リッチ型生活文化度層におけるコミュニケーション・デザイン

感性リッチ型生活文化度層の場合，メディア・コンタクト・ポイント要因としては，能動的情報収集であり，スマート・デバイス・メディアや電子書籍などの情報リッチ型メディアでの対応と，コールセンターなどのOne to oneでの問い合わせへの対応が必要になる。このようなプロセスで購入される商品は感性で選ばれるような付加価値の高い商品になる。したがって情報提供は，インパクトのあるブランディング広告を打ち出し，詳細についてはWebサイトやコールセンター，リアル店舗で確認するという導線設計が必要である。購入後はロイヤリティを高めるためのCRM（Customer Relationship Management：顧客関係管理マネジメント）プログラムによるコミュニケーション設計が必須である。企業との共創意識も高い消費生活者であり，顧客知識価値は重視され，顧客生涯価値が最大になるように関係強化を図ることがポイントになる。

図表8-5　感性リッチ型生活文化度層　コミュニケーション・デザインモデル

消費生活者の態度変容			出会い Encounter	共感 Sympathy	共創 Co-Creation
消費生活者行動の変化			購買前心理変容要因	登録/購入/会員	購買後行動変容要因
消費生活者から顧客へ			消費生活者		顧客
関係価値			□客紹介価値　□顧客影響力価値　□顧客知識価値　□顧客生涯価値		
情報接触	マスメディア型	マスメディア・ブランディング	■TV（CM、番組タイアップ） ■PR（戦略PR） ■新聞広告（意匠、記事態） □新聞折込チラシ □雑誌広告（意匠、編集タイアップ） ■OOH（屋外広告・交通広告） ■インターネット広告（ディスプレイ広告、動画広告、検索連動型広告、成果報酬型広告、その他） □SNSディスプレイ広告 ■展示会・イベント	□ECサイト・ランディングページ □SNSターゲティング広告	■顧客による情報発信
情報接触	インフルエンサー型・シミュラークル型	ソーシャル・メディア・ブランディング	■SNS閲覧・検索 Instagram 、Youtube 、Twitter,TikToKなど投稿サイト ■レビューサイト クチコミ（リアル、SNSなど）	■比較サイト（価格.comなど） ■ECサイトレビュー ■SNSレビュー	■ファン顧客によるSNS投稿 Instagram 、Youtube 、Twitter,TikToK投稿サイト ■レビューサイト クチコミ（リアル、SNSなど）
情報接触	インフルエンサー型・シミュラークル型	スマート・デバイス・メディア・ブランディング	■スマートフォン □スマホクーポン ■スマホ会員 □ビーコン、ポッドキャスト □電子書籍	□スマホ決済プラットフォーム	■スマホデバイスを利用した会員カード
コミュニティ形成		One to one メディア・ブランディング		■店頭・接客 ■会員登録（購買時） ■訪問販売（外商） ■コールセンター ■購買履歴分析からのレコメンド ■ポイントカード	■メール配信（メールマガジン、クーポンメールなど） ■DM ■CRM（ Customer Relationship Management） ■顧客ファンコミュニティ
				■ コミュニティ形成・情報発信・情報交換	

出所：神田作成

3．2　ハイリッチ型生活文化度層におけるコミュニケーション・デザイン

ハイリッチ型生活文化度層の場合，メディア・コンタクト・ポイント要因としては，特別感のある情報提供でありブランド感を伝えられる信頼感が高い従来型のメディアを活用し，最初の出会いを図ることが有効である。その後，One to one メディアや接客などのおもてなし感の高いハイタッチな接触により購入を促す。この場合，店舗の販売スタッフも重要な購買メディアと言える。EC サイトの場合も，クオリティの高い購入導線の設計が必要になる。購入後はロイヤリティを高めるための CRM プログラムによるファン化のための

コミュニケーション設計が必要である。継続購入や，知り合いへのクチコミも期待される。購入は商品やサービスへの共感であり，購入後は商品やサービスについてクチコミなどを発信する価値共創者として，企業は関係を強めていくことが必要である。

図表8-6　ハイリッチ型生活文化度層　コミュニケーション・デザインモデル

消費生活者の態度変容			出会い Encounter	共感 Sympathy	共創 Co-Creation
消費生活者行動の変化			購買前心理変容要因	登録/購入/会員	購買後行動変容要因
消費生活者から顧客へ			消費生活者		顧客
関係価値			□客紹介価値　□顧客影響力価値	□顧客知識価値	□顧客生涯価値
情報接触	マスメディア型	マスメディア・ブランディング	■TV（CM、番組タイアップ） ■PR（戦略PR） ■新聞広告（意匠、記事態） □新聞折込チラシ ■雑誌広告（意匠、編集タイアップ） □OOH（屋外広告・交通広告） ■インターネット広告（ディスプレイ広告、動画広告、検索連動型広告、成果報酬型広告、その他） □SNSディスプレイ広告 □展示会・イベント	■ECサイト・ランディングページ ■SNSターゲティング広告	■顧客による情報発信
情報接触	インフルエンサー型 ・ シミュラークル型	ソーシャル・メディア・ブランディング	■SNS閲覧・検索 Instagram 、Youtube 、Twitter, TikToKなど投稿サイト ■レビューサイト クチコミ（リアル、SNSなど）	□比較サイト（価格.comなど） □ECサイトレビュー □SNSレビュー	■ファン顧客によるSNS投稿 Instagram 、Youtube 、Twitter, TikToK投稿サイト ■レビューサイト クチコミ（リアル、SNSなど）
情報接触	インフルエンサー型 ・ シミュラークル型	スマート・デバイス・メディア・ブランディング	■スマートフォン ■スマホクーポン ■スマホ会員 □ビーコン、ポッドキャスト □電子書籍	■スマホ決済プラットフォーム	■スマホデバイスを利用した会員カード
コミュニティ形成		One to one メディア・ブランディング		■店頭・接客 ■会員登録（購買時） ■訪問販売（外商） ■コールセンター ■購買履歴分析からのレコメンド ■ポイントカード	■メール配信（メールマガジン、クーポンメールなど） □DM ■CRM（ Customer Relationship Management） ■顧客ファンコミュニティ
				■コミュニティ形成・情報発信・情報交換	

出所：神田作成

3．3　エンジョイ型生活文化度層におけるコミュニケーション・デザイン

エンジョイ型生活文化度層の場合，メディア・コンタクト・ポイント要因としては，交流型の情報提供であり，ソーシャルメディアや交流サイト，家族や友人からの情報が効果的であると考えられる。「集団帰属欲求」を持つとされ

ることの層は，人的つながりやコミュニティなどの周辺とのつながりを楽しみ，重視しているため，購入前は，購入者からのおすすめやクチコミの情報で動かされやすい。購入後もクチコミを発信するファン層になる可能性が高く，うわさや評判になって，話題が自走するような仕掛けが，コミュニケーション設計には有効である。スマートフォンなどのスマート・メディアを利用した顧客紹介価値，顧客影響力価値に留意したソーシャルメディアによるプロモーションが効果的である。顧客生涯価値の拡大を目指すCRMプログラムは有効である。

図表8-7　エンジョイ型生活文化度層　コミュニケーション・デザインモデル

消費生活者の態度変容			出会い Encounter	共感 Sympathy	共創 Co-Creation
消費生活者行動の変化			購買前心理変容要因	登録/購入/会員	購買後行動変容要因
消費生活者から顧客へ			消費生活者		顧客
関係価値			□客紹介価値　□顧客影響力価値	□顧客知識価値	□顧客生涯価値
情報接触	マスメディア型	マスメディア・ブランディング	□TV（CM、番組タイアップ） □PR（戦略PR） □新聞広告（意匠、記事態） □新聞折込チラシ □雑誌広告（意匠、編集タイアップ） □OOH（屋外広告・交通広告） ■**インターネット広告**（ディスプレイ広告、動画広告、検索連動型広告、成果報酬型広告、その他） ■**SNSディスプレイ広告** □展示会・イベント	■ECサイト・ランディングページ ■SNSターゲティング広告	□顧客による情報発信
情報接触	インフルエンサー型・シミュラークル型	ソーシャル・メディア・ブランディング	■**SNS閲覧・検索** Instagram、Youtube、Twitter, TikToKなど投稿サイト ■**レビューサイト** **クチコミ（リアル、SNSなど）**	■**比較サイト（価格.comなど）** ■**ECサイトレビュー** ■**SNSレビュー**	■**ファン顧客によるSNS投稿** Instagram、Youtube、Twitter, TikToK投稿サイト ■**レビューサイト** **クチコミ（リアル、SNSなど）**
情報接触	インフルエンサー型・シミュラークル型	スマート・デバイス・メディア・ブランディング	■**スマートフォン** ■**スマホクーポン** ■**スマホ会員** □ビーコン、ポッドキャスト □電子書籍	■**スマホ決済プラットフォーム**	■**スマホデバイスを利用した会員カード**
コミュニティ形成		One to one メディア・ブランディング		□店頭・接客 □会員登録（購買時） □訪問販売（外商） □コールセンター ■購買履歴分析からのレコメンド ■ポイントカード	■**メール配信**（メールマガジン、クーポンメールなど） □DM ■**CRM（Customer Relationship Management）** □**顧客ファンコミュニティ**
				■**コミュニティ形成・情報発信・情報交換**	

出所：神田作成

3.4　安定型生活文化度層におけるコミュニケーション・デザイン

安定型生活文化度層の場合，メディア・コンタクト・ポイント要因としては，生活密着型の情報提供であり，マスメディア，ソーシャルメディア，家族や友人からの情報が効果的である。保守的で良いものを安く購入したいこの層が利用するのは大型量販店で，広く普及した良品低価格品を購入する。したがって訴求メッセージは，シンプルに価格メリットを訴求することになる。留意点としては，ネットやチラシも含めたマスメディアで広く認知させ，詳細についてはスマートフォンなどを利用しネットで確認させて来店を誘うという流れが効

図表8-8　安定型生活文化度層　コミュニケーション・デザインモデル

消費生活者の態度変容			出会い Encounter	共感 Sympathy	共創 Co-Creation
消費生活者行動の変化			購買前心理変容要因	登録/購入/会員	購買後行動変容要因
消費生活者から顧客へ			消費生活者		顧客
関係価値			□客紹介価値　□顧客影響力価値	□顧客知識価値	□顧客生涯価値
情報接触	マスメディア型	マスメディア・ブランディング	**■TV（CM、番組タイアップ）** □PR（戦略PR） □新聞広告（意匠、記事態） **■新聞折込チラシ** □雑誌広告（意匠、編集タイアップ） □OOH（屋外広告・交通広告） **■インターネット広告**（ディスプレイ広告、動画広告、検索連動型広告、成果報酬型広告、その他） □SNSディスプレイ広告 □展示会・イベント	**■ECサイト・ランディングページ** **■SNSターゲティング広告**	□顧客による情報発信
情報接触	インフルエンサー型・シミュラークル型	ソーシャル・メディア・ブランディング	**■SNS閲覧・検索** Instagram 、Youtube 、Twitter,TikToKなど投稿サイト **■レビューサイト** クチコミ（リアル、SNSなど）	**■比較サイト（価格.comなど）** **■ECサイトレビュー** **■SNSレビュー**	**■ファン顧客によるSNS投稿** Instagram 、Youtube 、Twitter,TikToK投稿サイト **■レビューサイト** クチコミ（リアル、SNSなど）
情報接触	インフルエンサー型・シミュラークル型	スマート・デバイス・メディア・ブランディング	**■スマートフォン** **■スマホクーポン** **■スマホ会員** □ビーコン、ポッドキャスト □電子書籍	**■スマホ決済プラットフォーム**	**□スマホデバイスを利用した会員カード**
コミュニティ形成		One to one メディア・ブランディング		□店頭・接客 □会員登録（購買時） □訪問販売（外商） □コールセンター **■購買履歴分析からのレコメンド** **■ポイントカード**	□メール配信（メールマガジン、クーポンメールなど） □DM **■CRM（Customer Relationship Management）** □顧客ファンコミュニティ □ コミュニティ形成・情報発信・情報交換

出所：神田作成

果的である。クチコミやSNSのレビューも重視する。継続購入を促すためにも，顧客生涯価値を最大化させるための CRM プログラムの設計は必要である。

以上のように生活文化度ごとに ESC マトリクスを活用したコミュニケーション・デザインを行うことで，企業はメディアの特性を活かしながら消費生活者との関係をより深め，価値共創型のコミュニケーション・デザイン実現の確度を高めることができる。従来のゴールであった「購入」は，本モデルでは顧客との生涯価値最大化のための一里塚，通過点にしか過ぎないと解釈する。購入後の関係において，顧客を「価値共創者」ととらえることで，企業と顧客との「価値共創」関係を創り上げる。そのような関係においては,顧客自身も，自らの意見や知識を企業に提供することで，より満足度の高い消費行動を目指すことになる。

ESC マトリクスを活用し，生活文化度ごとにターゲットを明確に分類したコミュニケーション・デザインを行うことで，顧客と企業の関係を継続的なものとする「価値共創」を実装できるメディア・ブランディングの確度はより高まる。

・参考文献

坂爪拓也ら [2022]「進化する情報接触の実態－ミレニアル・Z・αの 3 世代間比較調査からの考察」『日経広告研究所報』2022 年 10 月 /11 月号，pp.6-13

日経広告研究所 [2022]『広告白書 2022』日経広告研究所

林裕之 [2022]「「競争より協調」失敗したくない気持ちから来るさとり世代・Z 世代のライフスタイル」『知的資産創造』野村総合研究所，2022 年 10 月号，pp.58-77

日戸浩之 [2019]「世代別分析から見た消費行動の展望—関係性の変化がマーケティングに与える影響」『知的資産創造』野村総合研究所，2019 年 10 月号，pp.6-25

山本ひとみ [2012]「第 2 部　生活文化的メディア・コンタクト・ポイント」菅原正博，山本ひとみ，大島一豊『メディア・ブランディング－新世代メディア・コミュニケーション』中央経済社，pp.75-134

第Ⅲ部

ICT の進化と
メディア・コミュニケーション

第 9 章 ■ メディアの変遷

1　メディア・コミュニケーションとは

ICT の進化と共に，消費生活者を取り巻くメディア環境は大きく変容している。ICT は「Information and Communication Technology（情報通信技術）」の略で，通信技術を活用したコミュニケーションを指す。情報処理だけではなく，インターネットのような通信技術を利用した産業やサービスなどの総称である。

メディア・コミュニケーションの「メディア（media）」とは，「通信・伝達・表現などの手段」や「媒体」「媒介」などを意味する。

コミュニケーション（communication）は，辞書によると「伝達する，話す，理解する，聞く，意見交換する」とあるが，コミュニケーションの語源をラテン語に求めると，「communis（コミュニス）」となり，「共有する」という意味になる。つまり意見や感情の交流により，お互いに理解し合い，共有し合うことが本来のコミュニケーションの意味といえる。

第Ⅲ部のテーマであるメディア・コミュニケーションとは，マーケティング活動の中で，マスメディアや Web メディア，ソーシャルメディアはもちろん，チラシやダイレクトメール，店舗や人もメディアと捉えた上で，商品やサービスの売り手が買い手に共感してもらうためのコミュニケーション活動と定義しておきたい。

なお，序章では企業のコミュニケーション目的に応じた分類をもとに，マスメディア，One to one メディア，ソーシャル・メディア，スマート・デバイス・メディアの４つのメディア・ブランディング体系に区分けして，概要を詳しく解説している。それぞれのメディア特性を理解する上での参考にしてほしい。

メディア・コミュニケーションには，消費生活者を対象とした広告や顧客との双方向コミュニケーション，販売促進活動，広報・PR を含む。メディア・コミュニケーションの最終目的は，それぞれのメディアを自社や顧客に合わせて最適化して活用し，自社のブランドや商品，サービスの価値を最大化し，CLV「Customer Lifetime Value（顧客生涯価値)」向上に貢献することにある。

企業は，メディア・コミュニケーションを通して，消費生活者の共感を呼び，認知してもらい，興味関心を喚起し，好きになってもらい，最終的に買ってもらい，クチコミ等で他者に推奨してもらうことを目指したい。

そのためには企業は，経営理念やビジョンを軸に顧客に対する貢献点を明確にする必要がある。その上で，顧客ベネフィットを中心にしたコミュニケーション運用にシフトしていくことが重要になる。

図表9-1　メディア分類

メディアの分類	内容
マスメディア	テレビ、ラジオ、雑誌、新聞など
Web メディア	ポータルサイト、ニュースサイト、キュレーションサイト、クチコミサイトなど
ソーシャルメディア	ブログ、SNS (X、Facebook、Instagram、TikTok 他)、YouTube など
オウンドメディア	チラシ、ダイレクトメール、メールマガジン、自社 HP、自社 EC サイト、通販カタログ、コールセンター、店舗、従業員など

出所：和田作成

2　マスメディアの発展と現状

2.1　マスメディアの誕生

マスメディアとは,「マス＝大衆」に対して情報を伝達する「メディア＝媒体」のことであり，具体的には，テレビ，ラジオ，新聞・雑誌などの媒体を指す。マスメディアは不特定多数の生活者を対象に，多様な情報を伝達する「マスコミュニケーション」の役割を担っており，略称でマスコミと呼ばれることも多い。一般的にマスメディアは，報道，解説，教育，娯楽，広告など複数の役割を果たし，社会的影響力が大きい。

15世紀半ばにヨハネス・グーテンベルクによって活版印刷の技術が発明されると，マスメディアの発展に大きな影響を及ぼす。印刷技術が普及することで，情報を多くの人たちにスピーディーに伝達することが可能になったのである。

国内初の日刊新聞は京浜地区で1870（明治3）年に創刊された横浜毎日新聞である。その後，1874年に読売新聞，1879年には朝日新聞が発行される。20世紀に入るとラジオが登場。受信機があれば大勢が一度に聞くことができるため，情報の伝達範囲とスピードは爆発的に広がった。日本初のラジオ放送は1925年3月に社団法人東京放送局（現・NHK東京放送局）によって発信された。翌年には中部日本放送（愛知県）と新日本放送（大阪府：現・毎日放送）が日本初の民間放送としてスタート。テレビが普及する1960年頃までの約35年間，ラジオは日本家庭の情報伝達，娯楽の主役であり続けた。

その後，20世紀半ばになるとテレビが普及。衛星中継も始まり，世界中の出来事をリアルタイムで知ることができるようになった。テレビは音声だけでなく，映像を送ることができるので，よりダイレクトに迫力ある情報が伝わるようになった。

日本での本格的なテレビ放送は1953（昭和28）年の2月，NHKから始まり，同年8月には日本テレビが民間テレビ局第一号として産声をあげた。

当時，動画としての「ニュース」は映画館で放映されており，それらのほとんどが1週間前のニュースだったため，テレビによるニュース放送は情報伝達のスピードにおいて革命的とも言える出来事となった。

テレビ放送開始から5年後の1958年，家庭への白黒テレビの普及率は約10%だったが，1968年には96.4%に達する。1960年にはカラー放送がスタート。カラーテレビの普及率は1976年に約94%に達し，一家に一台カラーテレビの時代を迎えた。

高度経済成長期にかけて，テレビは家族の視線をくぎ付けにし続けた。CMはもちろんドラマに登場する男女の言動，歌やショーなどのエンターテイメントを通じ，さまざまな流行やトレンドを生み出し，人々のライフスタイルに多大な影響を及ぼしてきた。

その後，デジタル技術の進化によって，2011年には地上波，BS，CSすべての放送のデジタル化が完了した。デジタル化により，視聴者は一度に大量のデータを受け取れるようになった。その結果，高画質で高音質な放送が楽しめるようになり，放送以外のデータも受け取れるようになる。また，手元のリモコン操作で簡単に番組に参加することも可能になった。

2.2　4大媒体の特徴と現状

マスメディアは古い歴史を持ち，人々のライフスタイルや消費生活に大きな影響を与えてきた。しかしながら，2000年代に入るとインターネットの急速な普及により，マスメディアの神通力は失せ，現在はインターネットと共存することで，新たな進化の方向を模索している。

2.2.1　テレビ

テレビ放送局は，公共放送のNHKと民間放送がある。特徴は，映像と音声で情報を伝えることで，視聴者に大きなインパクトを与えることができる点であり，報道，バラエティ，ドキュメンタリー，ワイドショー，教育などさまざまなコンテンツを擁している。速報性が高く，民間放送は視聴料もかからない。

またローカル局では，地元に密着した番組も多い。

ＮＨＫ国民生活時間調査によると，テレビの視聴時間は年々減少しており，2020年の調査では，10代の視聴時間が初めて1時間未満となり，20～30代でも2時間未満となった。

近年はNetflix，Amazonプライム・ビデオ，Huluなどの動画配信サービスが台頭しているが，TVer（ティーバー）やParavi（パラビ）など民放のポータルサイトは見逃し配信も充実しており，スマートフォンやパソコンでどこでも視聴できるようになり，テレビの視聴スタイルは多様化している。

2.2.2　ラジオ

ラジオは，視覚を使わずにリアルタイムに情報を得ることができるメディアである。近年はインターネット配信サービスradiko（ラジコ）で若年層へのアプローチやSNSでの拡散性の向上を目指しており，ローカル局のコンテンツも全国へ配信する仕組みが構築されている。

ラジオの特徴は，運転や勉強，料理などの作業と平行して番組を楽しむ人が多いことだ。パーソナリティとリスナーがコミュニケーションをとれる双方向性は，ラジオならではである。また速報性が高く，災害時の情報発信にも強みがある。

2.2.3　新聞

新聞は一般紙と専門紙に分類できる。一般紙は全国紙，ブロック紙，地方紙がある。文字と写真（図表）を使って発信する新聞は，信頼性や説得性，保存性が高いという特徴がある。

一般社団法人日本新聞協会によれば，1979年に5,377万部発行していた新聞は，40年後の2019年には3,780万部まで減少し，その後も減少を続けている。一方で，見やすさや一覧性という強みを生かし，各社インターネットとの共存を図っている。新聞各社は，スマートフォンやタブレットで購読できる「電子版」や，Web上で読むことができるネット配信に注力しており，日本経済新聞の無料登録を含む電子版会員数は2023年1月現在594万人と着実にその数を伸ばしている。

2.2.4　雑誌

雑誌とは，さまざまなトピックを掲載した定期刊行物である。雑誌には，総合雑誌，専門雑誌（文芸雑誌，ビジネス誌など），娯楽雑誌（ファッション雑誌，漫画雑誌，スポーツ雑誌など），教育雑誌，各団体の機関誌，個人雑誌，広報誌などの分類がある。

雑誌は読者の関心の高いテーマに基づく編集が可能であり，ターゲットの志向に応じてセグメンテーションしやすい。また五感に訴える表現やデザイン性の高いレイアウトが得意であり，鮮やかなビジュアルやおしゃれな構成は，視覚的なインパクトが大きい。

出版科学研究所によると，雑誌の販売金額は月刊誌・週刊誌ともに1997年をピークに24年連続で減少している。休刊点数が創刊点数を上回り，総銘柄数は15年連続で減少している。新聞同様，出版社もスマートフォンやタブレットで電子書籍として販売したり，紙からWebでの情報発信に切り替えたりと，デジタル化を促進している。タブレットや電子書籍リーダーなどの普及で，電子書籍を好む人が増加していることもこの流れを後押ししている。

図表9-2　マスメディアの特徴

	特　徴	効　用
TV	視覚効果・即効性、親近性・説得性 信頼性・カバー率が極めて高い	公共性が高く企業・商品などの認知や信頼性を高める
ラジオ	セグメンテーション・適時性・個人訴求性 パーソナリティ性・簡便性	パーソナリティが極めて 強い力を持つ
新聞	安定性・確実性・信頼性・説得性 保存性・記録性	定期購読者がほとんど 文字と写真で情報精度が高い
雑誌	セグメンテーション・反復効果・回読効果 信頼性・説得性・保存性・記録性	読者層に合わせたテーマや 表現が可能

出所：菅原正博，山本ひとみ，大島一豊[2012]『メディア・ブランディング－新世代メディア・コミュニケーション』p.11

2．3　広告費の推移からみるマスメディアの衰退

電通が発表した「2021 年 日本の広告費 インターネット広告媒体費 詳細分析」によると，インターネット広告媒体費は２兆 7,052 億円となり，マスコミ４媒体の広告費の総計２兆 4,538 億円を初めて上回った。動画広告やソーシャルメディア広告の伸びが成長を後押ししており，テレビや新聞よりもネット広告にお金が集まる時代が到来したといえる。

ネット広告は，ユーザーの年齢・性別や行動履歴，居住地域などを限定して出し分けられる「ターゲティング性」と，表示した広告に対しユーザーがクリックなどの行動で反応する「インタラクティブ性」が特徴である。

また，データの蓄積や分析がしやすいことも特質の１つで，広告の費用対効

図表9-3　広告費の推移

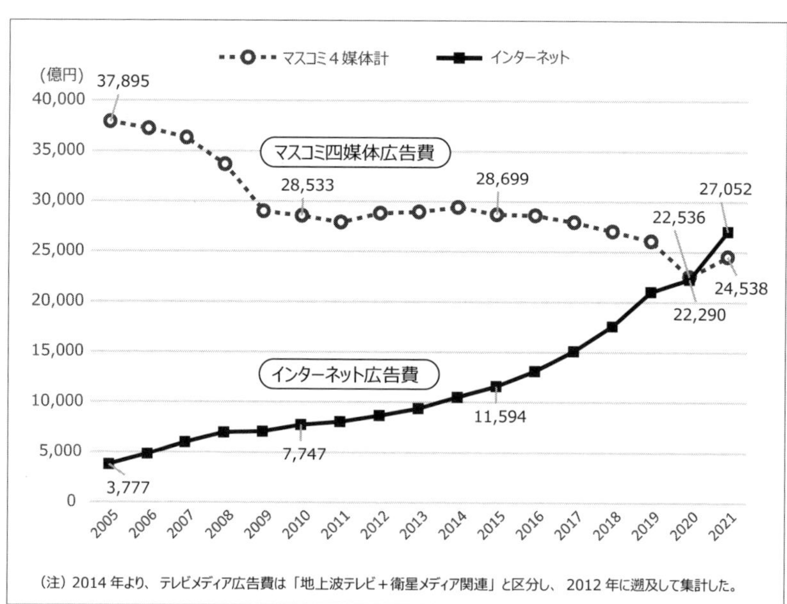

出所：電通報「日本の広告費NO.９」https://dentsu-ho.com/articles/8090　閲覧日2023年３月15日

果を向上させるためにさまざまな改善が可能である。最近では自動で成果の高い画像の選択や文言の生成など，AI の機械学習による最適化も導入されている。

3　インターネットの誕生とソーシャルメディアの普及

3.1　インターネットの誕生

インターネットが今日のように大衆化する契機となったのは 1995 年，マイクロソフト社がネット接続を簡単に行える基本ソフト（OS）Windous95 を売り出したことに端を発する。

その後，買い物は Amazon でワンクリック，調べ物はググるなど，便利なサービスが次々に生まれ人々の生活は一変した。インターネットの出現は私たちの日常にライフスタイル革命をもたらしている。

インターネットの用途は，電子メールの送受信，SNS（Social Networking Service）の利用，地図・交通情報サービスの利用，辞書・事典サイトの利用，商品・サービスの購入・取引，金融取引，ラジオ・テレビ・映画等のオンデマンド配信サービスの利用等多様化し，今や私たちの生活に欠かせないものとなっている。

また，インターネットの普及は，個人間のつながりにも影響を及ぼしている。その象徴の１つと言えるのが，ソーシャルメディア（ブログ，SNS，動画共有サイトなど，利用者が情報を発信し，形成していくメディアをいう）の登場である。ソーシャルメディアの利用により，個人が容易に他人とコミュニケーションを取り合うことができるようになり，友人関係等に広がりや深まりが生じている。また，企業と消費生活者間のコミュニケーションのあり方を大きく変えてきている。つまり，それまでの国や企業など大組織を発信源とする 20 世紀型の情報の流れを変え，かつてないパワーを個人に与えた。

「ほぼ日刊イトイ新聞」を主宰する糸井重里氏は，まだインターネットが普及する前の 2001 年，著書の中でインターネット時代の到来を「インターネット的」と捉え，インターネットがもたらすさまざまな変化の中でも注目すべきは「リンク」「フラット」「シェア」という 3 つの価値観であると分析した。人と人がリンクされてつながり，それぞれが持つ情報や技術をシェアし，立場も人種も超えてフラットな話し合いができるという，現代のソーシャルネットワーク時代の普及をいち早く予測した。

3．2　スマートフォンの誕生

インターネットの普及に拍車をかけたのが，米アップルが 2007 年に発売した「iPhone（アイフォン）3G」だ。日本では 2008 年 7 月にソフトバンクが発売した。画面を指でタッチ操作し，好みのアプリでコンテンツやサービスを利用するスタイルは斬新で，世界的な大ヒットにつながった。

その後，米グーグルも「アンドロイド規格」を導入。韓国サムスン電子も加わり，IT 機器の主役はそれまでのパソコンからスマートフォンにとって代わられた。

スマートフォン誕生を契機に，米国ではスマートフォンを使った新ビジネスに挑む新興企業が続々と生まれている。宿泊予約サイトのエアビーアンドビーや配車アプリのウーバーテクノロジーズなどインターネット上のプラットフォームを介したシェアリングサービスは，「所有から共有（利用）へ」という新たな価値を創造した。

2006 年，日本では SNS の先駆け「mixi」を運営するミクシィ社が東証マザーズに上場した。デジタル上で日記を綴り，友人に公開することが大ブームになり，2008 年には，Twitter（現・X）が日本でのサービスを開始し，新たなコミュニケーション・プラットフォーム時代の幕開けとなる。

その後 2011 年の東日本大震災を境に，人と人とのつながりへの欲求が高まり，チャットアプリの LINE が一気に普及した。LINE が目指したのは，インフォメーションではなく，「おはよう」「大丈夫？」といったエモーション（感情）のやり取りである。無料通話とスタンプ機能で支持を獲得し，2022 年 9

月現在約 9,200 万人のユーザーに利用されている。

3.3　双方向コミュニケーションの時代へ

社会インフラとなったインターネット上のメディアは，Web メディアとソーシャルメディアの2つに分類される。Web メディアとは，インターネット上で情報を発信している Web サイトのことを指し，ニュースサイト，コーポレートサイト，キュレーションサイトなどに分類される。ソーシャルメディアとは，個人の情報発信や1対1のつながりなど，社会的な要素を含んだメディアを指し，SNS，ブログ，動画共有サイトなどの総称である。今や Web メディアやソーシャルメディアはすでにマスメディアと同じかそれ以上の影響力を持っており，「第5のマスメディア」ともいわれている。

インターネットの出現により，それまで主に「企業から個人へ」という一方通行だった情報の流れが一気に多様化した。個人による能動的で機動的な情報発信が可能になり，自作コンテンツなどさまざまなコンテンツが生み出されるようになった。その結果，エンターテイメントやメディアなどの産業が大きな影響を受けている。

株式会社 ICT 総研の「2022 年度 SNS 利用動向に関する調査」によると，日本国内における SNS の利用者は年々増加しており，2013 年末では約 5,500 万人だった SNS ユーザーは 2024 年末には 8,388 万人に達するとされている。SNS では企業も参加者の1人になり，消費生活者と同じ目線でコミュニケーションを楽しむ発想が求められている。

図表9-4　日本におけるSNS利用者数

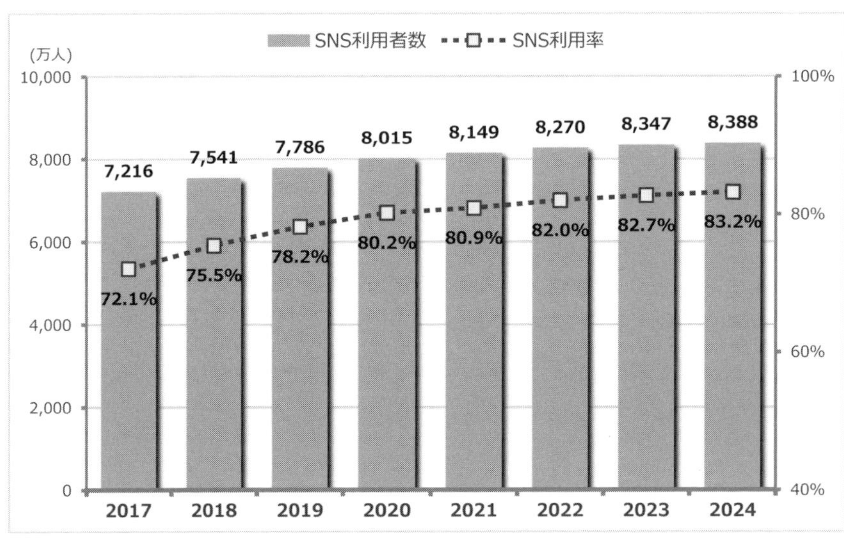

出所：ICT総研「2022年度SNS利用動向に関する調査」https://ictr.co.jp/report/20220517-2.html/　閲覧日2023年3月14日

・参考文献

一般社団法人日本新聞協会「調査データ」https://www.pressnet.or.jp/data/　閲覧日2023年3月16日

糸井重里 [2014]『インターネット的』PHP研究所

井徳正吾，松井陽通 [2013]『マーケティングコミュニケーション』すばる舎

井上宏 [2004]『情報メディアと現代社会』関西大学出版部

ジャパンアーカイブス「1850-2100日本の近現代を可視化し，時代を目撃する」https://jaa2100.org/index.html　閲覧日2023年3月15日

出版科学研究所「雑誌販売額」https://shuppankagaku.com/statistics/mook/　閲覧日2023年3月15日

菅原正博，山本ひとみ，大島一豊 [2012]『メディア・ブランディング－新世代メディア・コミュニケーション』中央経済社

電通報「日本の広告費NO.9」https://dentsu-ho.com/articles/8090　閲覧日2023年3月16日

日本経済新聞「本紙・電子版購読数247万」https://www.nikkei.com/article/

DGKKZO67629360W3A110C2CT0000/　閲覧日 2023 年 3 月 15 日
ICT 総研「2022 年度 SNS 利用動向に関する調査」https://ictr.co.jp/report/20220517-2.html/　閲覧日 2023 年 3 月 14 日
NHK 放送文化研究所「国民生活時間調査」https://www.nhk.or.jp/bunken/yoron-jikan/　閲覧日 2023 年 3 月 16 日

第 10 章 ■ スマートフォンの普及と消費スタイルの変化

1　顧客中心の消費スタイルへ

1．1　スマートフォンの所有率は 9 割超

モバイル社会研究所の調査結果によると，2010 年のスマートフォンの所有率はわずか 4.4% だったが，2015 年には 5 割を超え，2022 年 1 月の調査では 94% に達している。60 代シニアでも 9 割を超え，70 代でも 7 割となるなど，今や全世代に浸透している。

図表10-1　スマートフォンの所有比率の推移

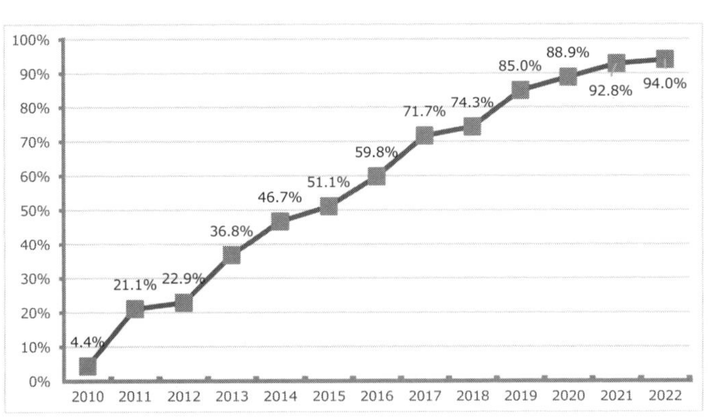

出所：モバイル社会研究所「モバイル社会白書 2022年版」https://www.moba-ken.jp/whitepaper/wp22.html　閲覧日2023年 3 月12日

スマートフォンの浸透により，いつでもどこでも誰でも情報を受発信できるようになり，情報の流れは縦から横へと大きく変化した。消費生活者が発信する情報がパワーを持つことで，企業は消費生活者起点のマーケティングへ転換を迫られている。

1.2　クチコミの可視化と価格比較サイトの登場

スマートフォンが生活インフラとして定着する中，オンラインで買い物することが日常的になっている。経済産業省によると，2021年の日本国内の消費者向け電子商取引市場規模は，20.7兆円（前年比7.35%増）と拡大。EC化率も8.78%（前年比0.7ポイント増）と増加傾向にある。

オンライン購入する際，多くの消費生活者は欲しいと思う商品のカスタマーレビューやクチコミ評価を収集し，その情報をもとに比較検討してから購入を決めている。ある調査では，購入前にオンラインレビューを参考にする人は7割以上で，購入する際に最も信頼される情報源は「オンラインのカスタマーレビュー・口コミ評価」が35%，次いで「友人や家族からの情報」20%，「専門家による体験談」18%と続いた（キャプテラ2022「オンラインカスタマーレビューに関する調査」）。

例えばホテルを選ぶ場合，比較サイトを介して価格を比べて予約することが一般化している。このような比較サイトはクチコミサイトとも呼ばれ，多くの商品・サービスの価格，評判，スペック等の情報を集約し提供している。消費生活者は，企業別に価格を比較する，クチコミ（レビュー）を書き込む，他のクチコミを参照する，利用者同士が質問し回答するなどで利用。消費生活者に役立つ情報プラットフォームとしての役割を果たしている。

1.3　C2C（消費者間取引）の台頭

スマートフォンの登場により，さまざまなアプリが開発されている。人気アプリに共通することは，消費生活者のベネフィットを最優先していることだ。例えば，フリマアプリ「メルカリ」の国内の月当たりアクティブユーザー数は

2,200 万人を突破，流通総額は 9,846 億円に達する（2023 年 6 月期）。消費生活者の間では，新品のブランド商品を買う時もまずメルカリを見て流通価格を調べ，売却することを考えて購入する「セリングファースト」が広がっている。経済産業省によると，2021 年のフリマアプリとネットオークションを中心とした C to C-EC の市場規模は 2 兆 2,121 億円（前年比 12.9% 増）と推計され，まだまだ拡大基調にある。

消費生活者自らが販売者となる流れは，ハンドメイド作品の販売アプリも牽引している。「Creema（クリーマ）」と「minne（ミンネ）」は，ハンドメイドマーケットプレイスの草分け的存在として，誰もがクリエイターとなって作って売れる新市場を創造してきた。まさに消費生活者主役時代の到来である。Creema によると，国内ハンドメイドマーケットプレイスの顕在市場規模は現在約 400 億円。潜在市場規模は約 3,030 億円と推察され今後も成長が見込まれている。

最近では，個人クリエイターが，オリジナルグッズの販売や動画コンテンツを発信して収益を得ている経済圏を「クリエイターエコノミー」と呼んでいる。C2C の多くのアプリは 個人間取引を簡単かつ迅速に行うことができる上，売り手と買い手が信頼関係を構築できるソーシャル機能を兼ね備えている。

1.4　シェアリングエコノミーの拡大

スマートフォンの普及は，消費生活者中心の経済を牽引してきた。「シェアリングエコノミー」とは，一般の消費生活者がモノや場所，スキルなどを必要な人に提供したり，共有したりするサービスの形態や新しい経済のカタチを指す。一般のドライバーがスマートフォンアプリでマッチングした乗客を自家用車に乗せて運ぶライドシェア，一般の人が所有している物件の空き部屋を Web サイトやアプリを通して旅行者に貸し出す民泊は，シェアリングエコノミーの代表例といえる。

シェアリングサービスは，1. 民泊，ホームシェア，駐車場など空間のシェア，2. カーシェアリング，ライドシェアリング，シェアリングサイクルなど移動手段のシェア，3．フリマアプリ，レンタルサービスなどモノのシェア，4．家事代行，子育てシェア，クラウドソーシングなどスキルのシェア，5．クラウドファンディングなどお金のシェアをするサービスに分類できる。

シェアリングエコノミー協会によると，2022年度シェアリングエコノミーの市場規模は過去最大規模となる2兆6,158億円，2032年度には最大15兆1,165億円に拡大すると予測されている。

これまで所有することが大前提だった消費スタイルは，共有や利用するといったモノを持たないスタイルへと大きく変貌を遂げようとしている。

2　購買行動モデルの変遷

消費生活者の購買行動は，メディア環境の変化と密接な関係がある。消費生活者を取り巻くメディア環境は，マスメディアの時代からインターネットの登場，スマートフォンやSNSの普及へと大きく変化してきており，それに伴い購買行動の過程も変遷を辿っている。

購買行動モデルとは，消費生活者が商品やサービスを購入するまでの行動過程をフレーム化したものである。購買行動モデルを理解することは，それぞれの行動過程に最適化したマーケティング施策を実行することにつながる。

購買行動モデルは，メディア環境の進化に伴い，①マスメディア時代（1900年頃〜），②インターネット時代（2000年頃〜），③SNS時代（2010年頃〜）の3つの時代で変化してきている。

2．1　マスメディア時代の購買モデル

インターネットが登場する2000年頃までは，マスメディアによる広告や番組が消費生活者の購買行動に大きく関与していた。消費生活者は企業から一方的に発信される新聞や雑誌広告，街頭ポスター，ラジオやテレビCMなどによって購買の意思決定をしていた。

この時代の代表的な購買行動モデルは，1920年代に米国のサミュエル・ロー

ランド・ホールが著作中で発表した「AIDMA」である。まず，広告を目にすることで商品を知り（Attention「注目」），次にその商品に興味を抱き（Interest「興味・関心」），その結果欲しい（Desire「欲求」）と思い，その感情を記憶にとどめ（Memory「記憶」），実際に商品を購入する（Action「購買」）という購買プロセスの頭文字をとったものある。約100年前に作られたモデルであるが，現在でも，「AIDMAの法則」として，マスメディア広告の立案・実行の際には参考にされている手法である。

図表10-2　マスメディア時代の購買モデル「AIDMA」

出所：グロービス経営大学院「MBA用語集/AIDMA」
https://mba.globis.ac.jp/about_mba/glossary/detail-12514.html　閲覧日2023年3月15日をもとに和田作成

2.2　インターネット時代の購買行動モデル

2000年代に入り，インターネットが普及すると，インターネットで情報を検索することが一般的になった。それにともない，Webサイトやブログ等から商品の情報を収集する人が増え，購入後は，利用した商品の感想などをレビュー情報として消費生活者自ら発信するようになる。

インターネット時代の代表的な購買行動モデルは，2004年に電通が発表した「AISAS」モデルがあげられる。まず，広告を目にすることで商品を知り（Attention「注目」），次にその商品に興味を抱き（Interest「興味・関心」），その後で購入すべきか判断するためにインターネットで検索し（Search「検索」），実際に商品を購入する（Action「購買」），そして購入した商品の感想などをインターネットで共有する（Share「共有」）というプロセスである。

消費生活者の主体的な情報収集や発信が可能になったことで，企業と消費生活者の関係が双方向性に変化した。企業にとっては，商品のいい評判を消費生活者に広く早く知ってもらえるようになった反面，悪い評価が急速に広まって時には炎上してしまうというリスクも高まっている。

図表10-3　インターネット時代の購買モデル「AISAS」

出所：電通報「"Dual AISAS" で考える，もっと売るための戦略。」https://dentsu-ho.com/articles/3100　閲覧日2023年３月15日をもとに和田作成

2．3　SNS 時代の購買行動モデル

2008 年にスマートフォンが発売されると，より多くの人がインターネットを気軽に利用できるようになった。同時に X（旧 Twitter）や Instagram 等の SNS を利用する人が拡大して誰もが自由に手軽に情報を発信できるようになり，インターネット上には情報が溢れるようになった。溢れる情報の中で，消費生活者が重視し始めたのは，信頼できる友人や知人からのクチコミであり，その情報が消費生活者の共感を呼ぶことで購買行動に影響を与えるようになった。

SNS 時代の購買行動モデルとしては，「VISAS」と「SIPS」の２つがあげられる。まず，VISAS は，クチコミを起点とした購買行動モデルである。2010 年に IT ジャーナリストの大元隆志氏が提唱した。まず（SNS 等の）クチコミを見て商品を知り（Viral「クチコミ」），クチコミの発信者の影響を受け（Influence「影響」），その影響力はやがて商品やブランド，企業に対する共感に変わり（Sympathy「共感」），商品を購入する（Action「購買」），その後商品に対する評価を SNS 等で共有する（Share「共有」）という購買プロセスである。SNS が普及した現代においては，タイムラインなどに流れてきた情報を起点にその商品の存在を認知するケースも多いため，「VISAS」の概念は重要性が高い。

図表10-4　SNS時代の購買モデル「VISAS」

出所：大元隆志[2011]『ソーシャルメディア実践の書』リックテレコムをもとに和田作成

次に SIPS は，他者が発信した情報に共感し（Sympathize「共感」），共感した情報が自分にとって有益かあらゆる手段で確認し（Identify「確認」），購入やリツイート（リポスト），「いいね！」などの活動で販促活動に参加する（Participate「参加」），その後参加したことを SNS 等で共有・拡散する(Share&Spread「共有・拡散」)というものである。2011 年に，電通コミュニケーションの佐藤尚之氏をリーダーとした社内ユニットが提唱した。

SIPS の特徴は，消費行動の起点が「認知」ではなく「共感」になっている点である。大量の情報が流れる SNS においてスルーされないためには，いかに消費生活者の共感を得られるかが重要となる。共感された情報は，SNS 上で拡散され，拡散された情報が，新たな「共感」を生み，さらに「拡散」されていく。「SIPS」では，このようなサイクルが繰り返されていくことで，徐々に参加者の母数が大きくなっていき，結果として購買数の増大につながると定義されている。

図表10-5　SNS時代の購買モデル「SIPS」

出所：株式会社電通「電通「サトナオ・オープン・ラボ」がソーシャルメディアに対応した消費行動モデル概念『SIPS』を発表」https://www.dentsu.co.jp/news/release/pdf-cms/2011009-0131.pdf　閲覧日2023年３月15日をもとに和田作成

3　ソーシャルメディアを活用したマーケティング

3.1　ソーシャルメディアとは

ソーシャルメディアとは,「インターネット上で展開される情報メディアのあり方で，個人による情報発信や個人間のコミュニケーション，人の結びつきを利用した情報流通などといった社会的な要素を含んだメディアのこと。」と定義されている（IT 用語辞典)。

つまり，多くの人々が双方向発信できるメディアを総称する用語であり，具体的には，ブログや SNS，動画共有サイトなどを指している。近年，ソーシャルメディアの利用者数や利用時間の増加を背景に，ソーシャルメディア上には，消費生活者が発信するクチコミやおすすめなどさまざまな情報が溢れている。そして，消費生活者の意思決定や行動には，ソーシャルメディア上での情報が大きな影響を及ぼしている。

3.2　ソーシャルメディアマーケティングとは

ソーシャルメディアの発展は，企業や消費生活者といったあらゆる立場の人がフラットにつながる環境をつくり，広範囲の情報共有を可能にした。今では多くの企業が消費生活者と同じように，X（旧 Twitter）や Instagram といった

SNS アカウントを持ち情報を発信しており，SNS を活用したマーケティングに注目が集まっている。

SNS マーケティングには，アカウントの運用，広告配信，キャンペーン，インフルエンサーの活用，ソーシャルリスニングなどの手法がある。

メリットとしては，企業と顧客が直接やり取りできるので関係性を築きやすい，顧客の生の声を収集しやすい，広告費用が比較的安価，精度の高いターゲティングが可能，若者層にアピールできる，などがあげられる。一方で，担当者の運用負荷は大きく，一歩間違えると炎上のリスクも抱えている。

いずれにせよ，一番の目的は，消費生活者とのコミュニケーションを通して，中長期的なつながりを醸成し，企業やブランド，商品やサービスのファンになってもらうことである。そのためには，常にユーザーの生の声に耳を傾け，ユーザーを巻き込んだ運用や施策が重要となる。

3．3　UGC（User Generated Content）の活用

UGC（User Generated Content）とはユーザー生成コンテンツのことをいう。ソーシャルメディア上で発信されているユーザーによるクチコミは，ブランドや商品の購入に高い影響力を持つようになっている。また，企業から発信された情報よりも一般消費生活者が SNS や YouTube に投稿する写真や動画のほうが共感してもらいやすく，企業のマーケティングで大きな役割を担うようになってきている。

作業服・安全靴を販売するワークマンは近年，アウトドアやレジャーが好きな消費生活者からも熱い支持を集めている。新たな領域で顧客を獲得できている背景には，熱狂的なファンの発信力を借り，自社の魅力を広めていくアンバサダー制度や UGC（ユーザー生成コンテンツ）の効果的な活用がある。

アンバサダー制度とは，SNS で発信しているワークマンの愛用者を見つけ，新商品の発信や商品開発に無償で協力してもらうという試みである。現在は，1 年間に 100 アイテム程度をアンバサダーの声を取り入れて開発し，新商品発表会にはモデルとして着用してもらうなど，熱狂的なファンとの関係づくり

が企業業績にも表れている。

一方で，Instagram に投稿されたユーザーコンテンツは，許諾をとった上で EC サイトに掲載する。インスタ画像には商品ページの URL を貼ることで，顧客は気に入った商品をすぐに確認できるようにしている。その他，アンバサダーが投稿した YouTube 画像を EC サイトで視聴できるようにするなど，UGC の活用を軸に置いたマーケティングで顧客とのエンゲージメントを築いている。

3．4　ソーシャルコマースの広がり

従来の EC サイトでは，ソーシャルメディアは，情報発信や情報交流を通して，ユーザーを販売サイトに誘導するために活用されてきた。

しかしここ数年，ソーシャルメディアのプラットフォームがショッピング機能やツールを開発提供することで，ソーシャルメディア上で買い物をすることが広がってきている。

例えば Instagram や Facebook には，商品タグやショップ機能が追加され，ソーシャルメディア上の誰かの投稿を見て欲しいと思ったらその場で決済できる仕組みが整っている。

つまりソーシャルコマースとは，ソーシャルメディアと E コマースを組み合わせて商品やサービスを販売する仕組みといえる。

ソーシャルコマースの中でも注目を集めているのが「ライブコマース」である。タレントやインフルエンサー，ショップスタッフが登場して，Instagram などの動画プラットフォーム上でライブ配信を行いながらリアルタイムで商品やサービスを販売する。

ライブコマースの大きな特徴は，視聴者がチャット機能を使ってリアルタイムで質問すると，プレゼンターがその場で質問に答えるという「双方向コミュニケーション」によってコンテンツが形成されている点にある。

例えば洋服の販売場面では，モデルではなくスタッフが商品を試着して紹介することで，「身長 162 ㎝だと S と M のどっちがいいですか」などの質問や，

「バックスタイルを見せてください」などの要望にも気軽に応えることができる。

従来からのEコマースやプロモーションでは，企業からの一方通行の情報発信が主体であった。一方でSNSなどを活用するソーシャルコマースでは，企業と顧客のリアルな双方向コミュニケーションが可能になり，企業と顧客との距離はぐっと縮まる。企業は顧客とコミュニケーションをとりながらブランドの世界観やストーリーを伝えることで，顧客との親密な関係づくりを育んでいくことができる。

実店舗を持たず，販路は同社ECサイトのみという，D2C（Direct to Consumer）ブランド「foufou（フーフー）」は，「広告宣伝費はゼロ円」「セールは一切しない」「販路を拡大しない」というユニークな戦略で，小さいブランドながらも高感度な女性に支持されている。ふだんはLINEやInstagram，noteなどSNSを使って新作情報やブランド理念を発信するほか，全国各地で試着会を実施している。ファンと直接つながることを重視していたが，コロナ禍では，Instagramのライブ配信に注力し作り手の熱い想いをユーザーと交換することで発信者と視聴者との間に熱狂を生み出し，デジタル時代の新しいファンとの関係構築を進めている。

・参考文献

大元隆志 [2011]『ソーシャルメディア実践の書』リックテレコム

株式会社電通「電通「サトナオ・オープン・ラボ」がソーシャルメディアに対応した消費行動モデル概念『SIPS』を発表」https://www.dentsu.co.jp/news/release/pdf-cms/2011009-0131.pdf　閲覧日2023年3月15日

グロービス経営大学院「MBA用語集 /AIDMA」 https://mba.globis.ac.jp/about_mba/glossary/detail-12514.html　閲覧日2023年3月15日

経済産業省「電子商取引に関する市場調査の結果を取りまとめました」https://www.meti.go.jp/press/2022/08/20220812005/20220812005.html　閲覧日2023年3月12日

経済産業省「令和3年度電子商取引に関する市場調査報告書」 https://www.meti.go.jp/press/2022/08/20220812005/20220812005-h.pdf　閲覧

日 2023 年 3 月 12 日
電通報「“Dual AISAS” で考える，もっと売るための戦略。」https://dentsu-ho.com/articles/3100　閲覧日 2023 年 3 月 15 日
林雅之，本門功一郎 [2020]『SNS マーケティング』翔泳社
モバイル社会研究所「モバイル白書 web 版」https://www.moba-ken.jp/whitepaper/22_chap1.html　閲覧日 2023 年 3 月 12 日
和田康彦 [2022]「ニューノーマル時代のファッションブランディング」ファッションビジネス学会　2020 全国大会
Capterra「顧客の意見を恐れるな！　消費者調査で分かったカスタマーレビューに対する意識」https://www.capterra.jp/blog/2706/consumer-attitudes-towards-online-reviews　閲覧日 2023 年 3 月 13 日
Creema「株式会社クリーマ　2023 年 2 月期第 1 四半期決算説明資料」https://www.creema.co.jp/ir/files/briefing_jpn_20220715.pdf　閲覧日 2023 年 3 月 14 日
IT 用語辞典「e-Words」https://e-words.jp/#google_vignette　閲覧日 2023 年 3 月 13 日
MarkeZine「UGC を取り入れ顧客体験を豊かに！　ワークマンのアンバサダーマーケティングに見る，EC コンテンツ充実術」
https://markezine.jp/article/detail/40365　閲覧日 2023 年 3 月 13 日
mercari「FY2022.6 4Q Presentation Material」
https://pdf.irpocket.com/C4385/BUJq/De6L/KWy4.pdf　閲覧日 2023 年 3 月 13 日
SHARING ECONOMY ASSOCIATION JAPAN「シェアリングエコノミー協会「シェアリングエコノミー市場調査 2022 年版」を発表，2032 年度の既存産業への経済波及効果は「約 10 兆円」を予測」https://sharing-economy.jp/ja/news/20230124
https://dentsu-ho.com/articles/3100　閲覧日 2023 年 3 月 15 日

第 11 章 ■ ハイブリッド時代のコミュニケーション戦略

1　目指すのは顧客との長期的な関係づくり

1.1　ファンづくりマーケティング

近年のマーケティング戦略において「ファンづくり」というキーワードが注目されている。ファンづくりとは，企業やブランド，商品のファンを大切にして中長期的に売上や価値を上げていく考え方であり，CLV「Customer Lifetime Value（顧客生涯価値）」と推奨意向を高めるための取り組みである。

ファンとは，企業やブランド，商品が大切にしている価値を支持している人であり，売上の大半を支えている人たちである。

図表11-1　パレートの法則

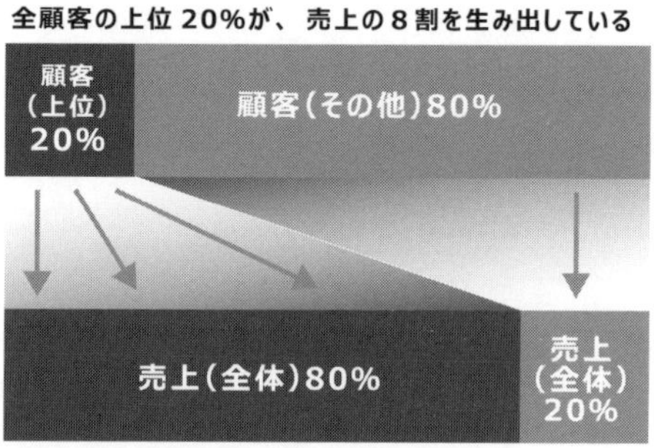

全顧客の上位 20%が、売上の８割を生み出している

顧客（上位）20%

顧客（その他）80%

売上（全体）80%

売上（全体）20%

出所：和田作成

イタリアの経済学者，ビルフレッド・パレートは，「結果の80%は，全体の20%の要素によって生み出されている」というパレートの法則を提唱した。別名「2：8の法則」や「80：20の法則」とも呼ばれている。マーケティング的には「全顧客の上位20% が売上の80% を生み出している。」といった使われ方をしているが，少数の顧客が売上の大半を支えているという意味において，この法則はほとんどの業態に当てはまるといえよう。

例えば三越伊勢丹の2022年度の個人外商売上高をみると，買上げ金額上位5％の「上位顧客」からの売上は伊勢丹新宿本店では50.9%，三越日本橋本店では48.3% に達している。

今後も少子高齢化，人口減少化が急激に進む日本においては，一度購入してくれた既存客を大切にして，長期にわたって関係性を築いていくファンづくりの考え方はさらに重要になっていく。

さまざまな統計から，新規顧客の獲得には，既存顧客の維持（継続購入や追加購入など）と比べて5倍のコストがかかるという「1：5の法則」や，顧客離れを5％改善すれば利益は25%改善されるという「5：25の法則」が見出されている。つまり，既存客を大切にすることこそが，事業成長のために優先的に取り組むべき課題といえよう。

1.2　顧客コミュニティの醸成

ファンづくりを実践していく1つの方法として，「顧客コミュニティ」の醸成がある。顧客コミュニティは，顧客と企業，顧客同士の双方向コミュニケーションを生み出していく場であり，時間をかけて育んでいくという考え方が重要である。

顧客コミュニティには，まず顧客の疑問や悩みを解消するという役割がある。顧客と企業が発する役立ち情報が自然に蓄積されていくとともに，顧客同士の自発的なコミュニケーションも促していく。次に，コミュニティ内でのコミュニケーションを通して，顧客の生の声を集めることができるというメリットがある。生の声には，顧客の本音が隠されており，新たなインサイト（気づき）の発見につながる。さらに UGC（User Generated Content）といわれる顧客主導のコンテンツがつくられ始め，コミュニティ自体のコンテンツ化が進んでいく。その結果，顧客コミュニティを通じて新規顧客の獲得にもつながっていく。

カゴメ株式会社の代表的な商品，カゴメトマトジュースは，わずか 2.5% の顧客の購入が売上の 3 割を占めており，ヘビーユーザーの離脱防止が同社の課題であった。

そこで 2015 年 4 月に，同社が運営するコミュニティサイト「みんなとカゴメでつくるコミュニティサイト & KAGOME」を開設。さまざまなイベントや企画を通して，カゴメ担当者とユーザー，ユーザー同士のコミュニケーションや，情報交換する場として活用されている。

「ファンを知る」「ファンに伝える」「ファンと一緒に体験する」の 3 つを目的に，「トマコミ」や「レシピのーと」など，ユーザーとカゴメが共に発信するコンテンツが並び，ユーザー同士のコミュニケーションが活発に行われている。また，全国に広がるユーザーと一緒になって新商品などを共創する役割も果たしている。

近年は &KAGOME 上でオンライン栽培相談会やオンライン料理教室など，オンラインでファンとつながる機会を積極的に増やしているほか，野菜を中心とした食育活動を推進する場としても活用している。

一方でカゴメは X（旧 Twitter）や LINE の公式アカウントも持っており，SNS を通して商品やキャンペーンの情報を広く発信している。SNS には気軽に発信できて拡散力があり，これまであまり接点がなかった人ともつながることができるという強みがある。

SNS では，ブランドにおけるライト層を取り込みつつ，キャンペーンなどによる試し購入に誘導し，コミュニティサイトでは，コア層を集めブランドのファンに育成していく。このように，SNS では間口を広げて短期的な効果を上げ，コミュニティサイトではファン醸成による長期的な効果につなげている。SNSとコミュニティサイト，両者が担う役割を明確にして運営することが，既存客のファン化と共に新規顧客の創造を可能にしている。

2　デジタルとアナログでシームレスな顧客体験を提供

2.1　ハイブリッド消費生活者の台頭

インターネットやスマートフォンの普及により，消費生活者の購買行動は大きく変化している。

アライドアーキテクツが2022年9月に実施した調査によると，購入や来店の意思決定の際に最も重視する情報のトップ3は,「店頭」「検索エンジン」「SNSやネット上に発信される一般人からのクチコミや情報」という結果になった。

筆者が293名の学生に聞いたアンケートでも，ファッション商品を購入する際，２人に１人が店舗とネット通販を併用しているハイブリッド派であり，Instagramなどの SNS 情報が，購入のきっかけや意思決定の際の重要な情報源になっていることも明らかになった。

デジタル時代になり，多くの情報を得ることでますます賢くなっている消費生活者は，ネット上の情報だけでなく，リアルなアナログ情報も重要視している。筆者は，ネット上のデジタル情報とリアルなアナログ情報を参考にして購買する新たな消費生活者をハイブリッド消費生活者と呼んでいる。

2.2　ショールーミングとウェブルーミング

スマートフォンの普及により，商品に関するデータはインターネットを通じて手軽に取得できるようになった。しかし，実際のサイズ感や手触り感，着心地といった特徴を理解することは難しく，購入後イメージが違っていたという経験をする人も多い。

Eコマースで失敗したくないと考える消費生活者の間では，商品購入前に，実店舗で価格や性能や着心地などを確かめ，実際の購入はオンラインで済ませる「ショールーミング」という流れが一般化している。特に，実店舗より EC サイトのほうが安く購入できる，ポイントなどの優遇がある，クーポンが使える，後払い決済を利用できるといった場合，ショールーミングが行われやすい。

ショールーミングの時代は，実店舗を「商品を販売する場所」として捉えるのではなく，「顧客に情報を提供する場所」として捉えることが重要になってきている。

オーダースーツの FABRIC TOKYO は，ショールームと採寸に特化した店を増やしている。購入はネットで済ませたいが買う前に実物を見たいという人は多く，同社では EC を併用する来店客の購買単価が EC だけを使う客の 2 倍以上という。また，オンワードホールディングスでも EC の商品を店に取り寄せて試着した後に購入できる「クリック&トライ」サービスをスタートした。EC の伸びに加え，導入店の売上高は未導入店より高いという成果も表れている。

一方で，インターネットで商品に関する情報収集をした上で，購入は実店舗で済ませる「ウェブルーミング」という行動をとる人も多い。ウェブルーミング普及の背景には，クチコミなどの評価を参考にして購入したい，送料は払いたくない，実店舗の在庫を確認しておきたい，購入した商品をすぐに使いたい，返品もしやすいといった消費生活者の心理がみえてくる。

企業は今後，ショールーミングやウェブルーミングといったハイブリッドな購買行動に合わせて，実店舗と EC サイト，SNS などを連携させたシームレスな顧客体験を実現することが求められている。

2．3　OMO「Online Merges Offline」

ショールーミングやウェブルーミングが意味するところは，消費生活者は今やオンラインとオフラインを独立したチャネルと捉えていていないということだ。

インターネットが普及し始めた頃は，インターネット上（オンライン）からリアル店舗（オフライン）への集客や購買行動へと促す O 2 O「Online to

Offline」という考え方が注目された。

その後，EC が定着してくると，実店舗，EC サイト，アプリ，SNS など複数のチャネルをシームレスに連携させ，「いつでも，どこでも同じように利用できる」「オムニチャネル」という概念が生まれる。

そして昨今重視されているのが，オンラインとオフラインの融合を意味する OMO「Online Merges Offline」という考え方である。

特に新型コロナウイルス感染拡大を契機に，オンライン接客や EC 商品の店頭受け取り，ショールーミングに特化した売らない店の出店など，実店舗と EC を融合して顧客体験を高める取り組みが始まっている。

オンライン接客はアパレル販売や化粧品販売を中心に広がり，専門知識や豊富な経験を持つスタッフによるフェイス・トゥ・フェイスの接客が実店舗以外で顧客とつながる有効な手段となっている。

また，EC で 購入した商品の店舗受け取りは，「BOPIS（Buy Online Pick-up In Store)」といわれ，着実に浸透している。例えば，ユニクロでは，2018 年から「ユニクロ店頭受け取り」サービスを開始。現在では EC 購入者の 40%を占めている。また，ワークマンでは今後 EC の宅配をやめ店頭受け取りに一本化する方針を明らかにしている。

BOPIS は，顧客と企業の双方にメリットがある。顧客にとっては，送料が不要で，好きなときに受け取れる，返品がしやすい。一方，企業にとっては，物流コストが低減され，顧客と接触できる機会を創出できる。また，オンラインとオフライン別々で管理していた顧客情報を個別 ID に統合することで，よりパーソナライズされたマーケティングが可能になる。

ところで，丸井グループは「モノを売る店」から「体験を提供する店」へと大胆な転換を図り，スタートアップとの共創にも力を注いでいる。D 2 C(Direct to Consumer, 顧客と直接つながるビジネス）やサブスクリプション型など「デジタル・ネイティブ・ストア」の出店を加速させている。

3　顧客価値最大化に向けたパーソナライゼーション

3.1　アプリマーケティング

顧客との長期的な関係性を育み,顧客とのつながりを醸成していくためには,一人ひとりの顧客に最適化された情報を提供していくことが重要となる。また,顧客の購買データやクチコミ投稿などを収集・分析して商品やサービスを改善し，顧客体験「CX（Customer Experience）」の満足度を継続的に向上させていくことが求められている。

顧客との継続的なつながりを築いていく上で，注目されているのがアプリを使ったマーケティング手法である。スマートフォンやタブレットにダウンロードされたアプリを活用して顧客との接点をつくり，顧客の興味や関心をひく情報の提供や，買い物体験をより便利に楽しくする機能が特徴だ。

顧客にとって利用頻度の高いアプリを提供することは，顧客との良好な関係を築きやすくなり，コミュニケーションの活性化が期待できる。また，アプリのプッシュ機能を活用してキャンペーン情報やお得なクーポンを配信することで，リピーターを増やすことにもつながる。

家具およびインテリア用品を販売する「ニトリ」では，アプリ会員の増加に伴い店舗とＥＣを併用して利用する顧客が増加している。公式アプリ「ニトリアプリ」は2014年3月にサービスを開始したが，2022年11月末時点での利用者数は1,508万人にのぼる。

同アプリは，ポイントもためられるニトリメンバーズ会員証のほか，店舗でも店舗以外でも使える便利で楽しい機能を搭載して，顧客体験の向上を目指している。

例えば店舗では，探している商品がすぐに見つかる「店内マップ」，店ごとの在庫状況や注文時の納期が確認できる「在庫・納期確認」，商品を選んでその場でスキャンするだけの「アプリｄｅ注文」，ニトリネットでお気に入り登録した商品の場所や在庫，納期などをチェックできる「お気に入り商品」などを利用できる。

一方店舗以外では，お得な買い物情報や生活アイデアのチェック，気に入った部屋イメージからぴったりの商品が見つかる「コーディネイト機能」，撮影した写真にサイズやメモを保存できる「サイズ with メモ」，現在地や駅名等のキーワードから近くの店舗を検索できる「店舗検索」，購入の履歴や注文した商品の状況を確認できる機能など，顧客目線に立ったメニューが用意されている。

さらに，「お部屋 de コーディネイト」では，着せ替え感覚で，気になる商品が部屋に合うか,色や柄の組み合わせを確かめられる。リビングや寝室のベースとなる床・壁・天井・ソファ・ベッドフレームなどの色を選び，部屋を再現し，その上でニトリ商品の中からカーテン・ラグ・クッション・掛け布団カバー・枕カバーなどを選択し，部屋のイメージに反映させることで，気になる商品が自宅に合うかどうかシミュレーションでき，そのままネットで購入することもできる。

アプリを起点として収集できるさまざまな顧客データは，顧客行動に寄り添ったコミュニケーションを実現するために活用される。

3.2　顧客情報管理「CRM（Customer Relationship Management）」

スマートフォンアプリは，端末や ID（identification）ベースで管理されているため，すべての行動がつながった状態でデータを取得することができる。また，位置情報や QR（Quick Response）コードの読み込みなど，アプリならではの情報を取得しやすく，リアルの場である店舗での利用状況も可視化できるという特徴がある。

顧客データを収集･活用することは，自社の顧客を理解することにつながり，ひいては，自社が提供する価値をアップデートすることにも役立つ。

このような,データをマーケティングの施策立案や実行に活かすことを「データドリブンマーケティング」と呼んでいる。データドリブンマーケティングの目的は，顧客体験を常に向上させることで，顧客との長期的な強いつながりを醸成していくことにある。

データドリブンマーケティングを推進していくためには，顧客関係管理「CRM（Customer Relationship Management）」の導入が必要となる。CRM は，顧客情報を一元管理することで，顧客との関係性を維持・向上させるというアプローチ，およびその目的のために開発されたツールを指す。

中でも，スマートフォンアプリと連動した CRM を導入する企業が増えている。株式会社ヤプリでは，ノーコードで制作できる Yappli と，1 to 1 の顧客体験を実現する Yappli CRM をセットで提供。会員証の発行，マイル付与から，アプリ内行動データの取得と分析，さらにはプッシュ通知をするなど多彩な施策の設計・実行を行える。

例えば，購入金額に応じてマイルを付与し，マイルが一定数たまると値引きクーポンが配信され，顧客の来店動機が高まって，リピート率向上に貢献する。また，CRM データをもとに，効果的なタイミングで新商品情報やセール情報をプッシュ通知することも可能だ。また，顧客の行動履歴を日時で正確に追えるため，マイル付与や商品についての顧客からの問い合わせに対しても，より正確でスピーディーに対応できる。

このように CRM を導入することで，一人ひとりの好みや行動に合わせて適切な接点をつくるパーソナライズ化に取り組む企業は増えている。今後，顧客に「便利だ」「役に立った」と感じてもらうには，さまざまなデータからのシグナルを察知し，即座に対応する必要がある。

図表11-2　CRMとは

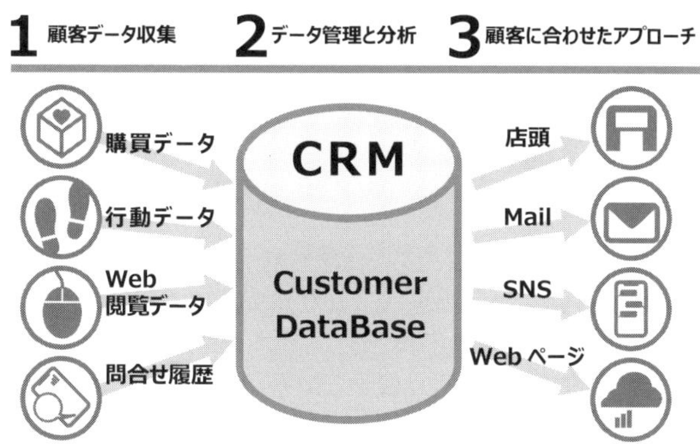

出所：salesforce「CRMとは？機能やSFAとの違い，メリット・活用方法まで」https://www.salesforce.com/jp/resources/articles/crm/what-is-crm/　をもとに和田作成

3.3　顧客目線に立ったコミュニケーション施策が重要

プライバシー保護にまつわる「脱クッキー」の動きが広がり，企業が独自に持つファースト・パーティー・データ（自社のWebサイトやアプリから収集した顧客の氏名，メールアドレス，電話番号などのデータや，店舗に来た顧客のPOSデータ，購買履歴など），自社で収集した顧客データの活用が広がっている。その中で，ECサイトやアプリなど，データを集約し，顧客一人ひとりの行動や好みに合わせてパーソナライズ化を実現するCRM施策は有効といえる。

一方でCRMは，IT（情報技術）を駆使し，顧客の興味や関心を割り出し，購買可能性の高い顧客に対し，彼らの心をひくであろう特典やおすすめ情報をメールなどで一方的に通知することもある。しかし，配信されるのはシステムが自動生成した無機質なメッセージも多く，顧客志向を欠いた取り組みとなることも多い。「たびたび来るメルマガがうっとうしい」「自分の興味のない広告が表示されるのは邪魔」など，企業によるコミュニケーション施策が顧客の反感を呼ぶことも多い。このように顧客データの使い方次第で，顧客は心地よく感じることも，心地悪く感じることもある。

顧客との長期的な関係を構築する手段としてのCRMは，あくまでも顧客目線に立って，顧客ベネフィットを第1に考えていくことが成果を上げるポイントになる。

・参考文献

株式会社ニトリホールディングス「2022年2月期決算説明会」 https://www.nitorihd.co.jp/ir/items/NITORI%20FY2021_4Qfinancial%20%20report.pdf　閲覧日2023年3月18日

経済産業省「令和3年度電子商取引に関する市場調査報告書」 https://www.meti.go.jp/press/2022/08/20220812005/20220812005-h.pdf　閲覧日2023年3月21日

佐藤尚之[2018]『ファンベース』筑摩書房

日経XTREND「コロナ禍でもデータ活用でヒット生むスーツ店　休業下で次の一手」 https://xtrend.nikkei.com/atcl/contents/casestudy/00012/00404/?i_cid=nbpnxr_index　閲覧日2023年3月18日

日経XTREND「6年目の老舗,カゴメに学ぶファンサイト運営術　SNSとどう分ける」 https://xtrend.nikkei.com/atcl/contents/18/00524/00004/?i_cid=nbpnxr_index 閲覧日2023年3月20日

流通ニュース「ニトリ／公式アプリ利用者1500万人突破,機能拡充で顧客接点を強化」 https://www.ryutsuu.biz/　閲覧日2023年3月25日

和田康彦[2022]「Direct Marketing Review vol.21」日本ダイレクトマーケティング学会

Allied Architects「「店頭情報」「検索エンジン」「UGC」の3つが購買行動において重要な情報源に，約9割が「ネット通販や定期通販」で商品を検討する際にUGCをチェック」https://www.aainc.co.jp/news-release/2022/02437.html 閲覧日2023年3月20日

salesforce「CRMとは？機能やSFAとの違い，メリット・活用方法まで」 https://www.salesforce.com/jp/resources/articles/crm/what-is-crm/　閲覧日2023年3月18日

yappli「会社概要」https://yappli.co.jp/company/　閲覧日2023年3月22日

第 12 章 ■ メディア・コミュニケーションの未来

1　企業やブランドのファンになってもらうために

1.1　感情に訴求するコミュニケーションの時代

顧客との長期的な関係を構築していくためには，常に顧客の立場に立って考え，顧客が幸せと感じる体験を提供し続けなければならない。その結果，顧客の心の中に「好き」という感情が生まれ，企業やブランドのファンになってもらうことができる。

人間は決断するとき，まず感情で決めているといわれている。ロジックは，後から自分を納得させるために考えていたりする。つまり,「好きかどうか」は，顧客から選んでもらうための絶対条件ともいえる。

このように顧客とのコミュニケーションを育んでいく上で，人間の本質的な部分に訴えかけることはとても重要である。

例えば，スターバックスでは，美味しいコーヒーの味はもちろん，店内の雰囲気やそこで過ごす時間，さらに 2 杯目がお得に購入できる「One More Coffee」や，お得な特典を受けることができる会員プログラム「Starbucks Rewards」，モバイルオーダーによる事前決済など，心躍る体験を通して顧客に愛されている。

常に顧客の期待を超え，時代の移り変わりを捉え，顧客一人ひとりに寄り添った体験や精神的なベネフィットを提供し続けることで，多くの「スタバ好き」

を生み出しリピーターを増やしている。

このように,「好き」という感情こそが行動のトリガーになり，モチベーションにもつながる。知名度や認知ももちろん重要であるが，選択肢に溢れた現代は,「好きかどうか」ということが，顧客との関係性を築くための前提となる。

1.2　顧客との接点すべてが，コミュニケーションメディア

そのためには，企業は「カスタマーハピネス」の実現を軸に置き，誰に何を伝えたいのか，その結果どういう存在になりたいのか，そのためにはどう伝えればよいのかという順番で考えることが必要である。

顧客との接点すべてが，顧客の心の中にブランドイメージを作っていく。Webサイトのビジュアルデザインはもちろん，SEO対策も広告も，チラシもメールもSNSもブランディングの一部だ。サイトの新規立ち上げもリニューアルも写真撮影も動画制作も，顧客に対するすべての発信は，自社のブランドを顧客から好きになってもらうことが最終目的といえる。

現代の消費者が求めているのは，日々の暮らしを向上させることであり，ひいては心豊かに暮らすことである。つまり,商品やサービスを購入することで,どのような精神的・情緒的ベネフィットを得られるかということが，最大の関心事といえる。

1.3　5つの知覚価値を高めるコミュニケーション戦略

顧客コミュニケーションの最終ゴールは，企業やブランド，商品，サービスが提供できる独自の精神的ベネフィットを提供し続けていくことにある。

日経リサーチ社は，毎年コンシューマー（消費者）とビジネスパーソンの2つの視点から各業界を代表する600社の企業ブランドを多角的に評価・分析した「ブランド戦略サーベイ」を発表している。

ブランド総合評価ランキングのベースとなる総合知覚指数（PQ：Perception Quotient）はコンシューマー，ビジネスパーソン各5つの評価項目で構成されている。コンシューマー評価では，自分にとっての「必要度」，他

の企業とは違う「独自性」，その企業に対する「愛着度」，他の企業よりも高くても購入する「プレミアム」，他の人に対する「推奨意向」の５項目で評価している。

今後，企業が成長していくためにはブランド力の構築が欠かせない，そのためには，顧客にとっての必要度，他の企業とは違う独自性，顧客が感じる愛着度，価格に対する許容度，人にも薦めたくなるクチコミ醸成力，この５つの指標に対する評価を高めるコミュニケーションを念頭に置いた戦略が必要となる。

図表12-1　ブランド戦略サーベイのコンシューマー評価項目

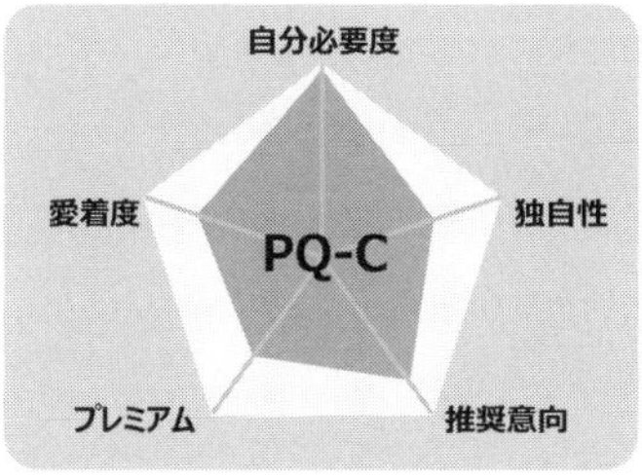

自分必要度
独自性
推奨意向
プレミアム
愛着度
PQ-C

自分必要度	自分にとってどの程度必要と感じるか
独自性	他の企業とは違う独自性を感じるか
愛着度	その企業にどの程度愛着を感じるか
プレミアム（ブランド／価格）	どの程度他の企業と価格の差があっても、その企業の製品・サービスを購入したいか
推奨意向	どの程度「ほかの人に薦めたい」と思うか

出所：日経リサーチ「ブランド戦略サーベイ」

1.4　推し活に駆り立てる購買行動モデル

推し活とは，自分にとってイチオシの人や物事である「推し」に対して応援などの情熱を注ぐ活動であり，自分が愛好するアニメキャラクターやアイドル，声優などを，消費（グッズ購入，ライブや舞台鑑賞など）を通じて応援する活動である。

特にこれからの消費を牽引していくといわれているＺ世代を中心に「推し活」が広がってきており，「推し活」の背後にある消費生活者心理や行動を理解することは，コミュニケーションを図っていく上でとても重要になる。

筆者の研究では，Ｚ世代の推しの対象になっているものは，マンガやキャラクターグッズ，アーティストやアニメ，ゲームなど自分が好きなものであり，推し活に駆り立てる心理としては，「好きだから」「幸せになるから」「充実感を味わえるから」など，精神的ベネフィットを求める気持ちが背後にあることが明らかになった。

推し活で注目すべきなのは，ライブなどのリアルなアナログ体験を楽しみながら，SNS等デジタル空間で共感を呼びかけ，新たな共感を誘っている点だ。つまり推し活とは，リアルなアナログ体験とデジタル上での体験を組み合わせたハイブリッドな消費行動モデルであり，これからのメディア・コミュニケーションを考えていく上で重要な視点となる。

本章の冒頭でも述べたように，これからの消費行動を動かすカギは，消費生活者が何らかの対象に対して「好きになる＝Like」という段階が非常に重要である。

そこから見えてきたのが，SULiPS（スリップス）という消費行動モデルである。SULiPS（スリップス）は共感する「Sympathy」，理解する「Understand」，好きになる「Like」，参加する「Participate」，共有する「Share」の頭文字をとったものである。

図表12-2　推し活消費時代の消費行動モデル「SULiPS」

S Sympathy	U Understand	Li Like	P Participate	S Share
共感	**理解**	**好き**	**参加**	**共有**
■質の高い商品・サービスコンテンツを提供する ■常に本質価値を磨く	■商品の世界観を理解してもらうコミュニケーション設計 ■作り手の思いやストーリーを伝える	■親近感を感じてもらうための双方向コミュニケーション ■人間味を出す	■参加しやすい場を設定しファンを巻き込む ■コミュニティの熱量を高める	■楽しさ、感謝、愛情、喜びを感じる体験を提供する ■思わず紹介、推薦したくなる

出所：和田作成

企業が消費生活者に共感してもらうためには，まず，質の高い商品やサービス，コンテンツを提供し，常に本質価値を磨いていくことを目指したい。次に，共感してくれた商品やサービスの世界観を理解してもらうためのコミュニケーション設計，作り手の思いやストーリーを伝えることが大切になる。そこからさらに好きになってもらうためには，親近感を感じてもらうための双方向コミュニケーションや人間味を出していくことが欠かせない。そして好きになってくれたファンが参加しやすい場を設定し，コミュニティの熱量を高めていくことが重要になる。その上で，楽しさ，感謝，愛情，喜びを感じる体験を提供し，思わず紹介，推薦したくなる感情を生み出すことが，これからのコミュニケーション活動のポイントになっていく。

2　企業活動すべてが，メディア・コミュニケーションの時代

2.1　企業姿勢やモノ自体の魅力や背景を丁寧に伝える

企業が顧客コミュニケーションを醸成していくための起点は「共感」の創造である。最近は，「何を」「どこで」買うかより「誰から」買うかということが重要になってきている。つまり，消費生活者は，モノを買うという行為に，自らの社会的価値観を反映するようになっているのであり，消費生活者の共感を誘うためには，企業姿勢や，モノ自体の魅力や背景を丁寧に伝えていくことが重要になる。

ニューノーマル時代が始まり，消費市場が過渡期を迎えた今，感度の高い消費生活者には，企業がつくり上げたブランドの本質だけでなく，掲げているビジョンや思想，そこで働く人の姿勢までもが透けて見え始めている。

1716 年創業, 奈良で 300 年続く老舗工芸品店「中川政七商店」は, 江戸時代「奈良晒（さらし）」と呼ばれた高級麻織物の問屋として誕生したが，麻織物の需要は低迷し作り手も減少してきていた。

廃業の危機を救うために社長に就任した 13 代目中川政七氏は，企業ビジョンの打ち出し，SPA 業態への転換，全国に直営店を展開するなど新たな施策を実行に移し，社長就任から 8 年で売上 10 倍以上という偉業を成し遂げる。

中川政七商店の成長を支えているのは「日本の工芸を元気にする！」というビジョンだ。全国の伝統工芸メーカー 800 社と協働で，年間 2,000 以上の商品を開発・製造販売している。自社サイトでは，職人へのインタビューやデ

ザイナーの創作秘話，社員が好きな自社商品の魅力，工芸品の構造についての解説などのコンテンツが充実しており，読み物に興味を持って共感し購入に至るケースも増えている。さらに，インスタライブではオンライン工場見学や暮らしを豊かにするヒントなどのライブ配信を行い，また，バイヤー向けの合同展示会「大日本市」も毎年開催して一般にも公開することで，さらなる中川政七商店ファンを育んでいる。

企業ビジョンを軸にした，オフライン・オンラインを融合したすべての企業活動が，顧客との親密なコミュニケーションを育んでいる好例といえる。

2.2　従業員エンゲージメントこそ顧客コミュニケーションの起点

米調査会社ギャラップが 2017 年に実施した調査によると，日本は士気が高く熱意あふれる（従業員エンゲージメントの強い）社員の割合は 6 %で，調査対象 139 カ国中 132 位だった。2022 年の同調査でも，その割合は 5 %で，調査対象 129 カ国中 128 位と低調な結果に終わっている。

デジタル技術がどんなに進んでも，コミュニケーションは人と人の対話の中から生まれる。つまり，企業の中で顧客コミュニケーションの担い手となる従業員のモチベーションこそが，顧客コミュニケーションの成否を握っているといっても過言ではない。

そのためには，従業員エンゲージメントを高めることが重要になる。士気が高く熱意がある従業員が増えると，アイデアや創意工夫が生まれやすくなり，職場の活性化につながる。その結果，業績への好影響も期待できる。

従業員エンゲージメントを高めるためには，まず，企業理念・ビジョンを浸透させることが重要だ。「顧客や社会に提供できる価値は何か」を明らかにすることで，従業員からの賛同が集めやすくなるため，経営者が熱い想いを持って，それを地道に浸透させていく活動が大切になる。

そして，承認・称賛の文化をつくることもポイントになる。さらに，社内コミュニケーションを活発化させ，従業員同士の関係性を深めることも欠かせない。顧客とのコミュニケーションを育んでいくのは，まさに従業員一人ひとりである。従業員のやりがいや幸福度を高めていく経営こそが，コミュニケーション戦略の要となる。

2.3 「コンテンツ」と「人」こそが最強メディアの時代

ソニーグループは，11万人の社員がベクトルを合わせて事業を動かしていくために，「クリエイティビティとテクノロジーの力で世界を感動で満たす」というパーパスを策定した。策定後は繰り返しパーパスについてのメッセージを発信し，社員の共感や納得感を高めてきている。

パーパスのキーワードである「感動」の主体は「人」であり，経営の方向性を「人に近づくことである」と定義している。

その上で，ソニーグループの事業について①人の心を動かす事業，②人と人をつなぐ事業，③人を支える事業の3つを新たなドメインとして設定した。

まさに，電機の会社からエンターテイメントを中心とした複合企業への転換であり，人々に感動を提供するためにコモディティ化した製品からは手を引き，映画や音楽といったそれまでは傍流とみなされていた事業の力をフル活用する方向に舵を切ったのである。

その上で，成長戦略のキーワードに「コミュニティ」を置いている。ソニーでは，共通の感動体験や関心を共有する人々が集まり，クリエイターとユーザーがつながる場を「コミュニティ・オブ・インタレスト」と定義し，それらをいくつもつくることを目指している。

「コミュニティ・オブ・インタレスト」は，単なる登録会員の集まりではなく，熱心なファンの集まりである。ちなみに，同グループでオンライン対戦などを楽しむ有料会員は約4,600万人で，収益の柱に育ちつつある。

今後は，ゲーム，音楽，映画などのグループのエンタメ事業間の連携を深め，外部パートナーとの協業を強化することで，ソニーグループとつながる顧客を10億人まで伸ばしていく計画だ。ここでは，「独自のコンテンツ」と「人と人とのつながり」が，未来のメディア・コミュニケーションの担い手となるのである。

3　モバイル通信の進化とコミュニケーション

3.1　第5世代移動通信システム（5G）の時代へ

モバイル通信の進化と共に，私たちのコミュニケーション手法は大きく変化してきた。

アナログのまま音声を送る1Gの時代から，インターネットにも対応できるデジタル方式の2Gへ。さらに3Gになると，携帯電話でメールや写真のやり取り，インターネットの利用がごく普通になった。そして，4G・LTEでは，スマートフォンが急速に普及し，SNSやチャットアプリを中心に写真や動画によるコミュニケーションが加速したことにより，映画や音楽のストリー

図表12-3　移動通信システムの歴史

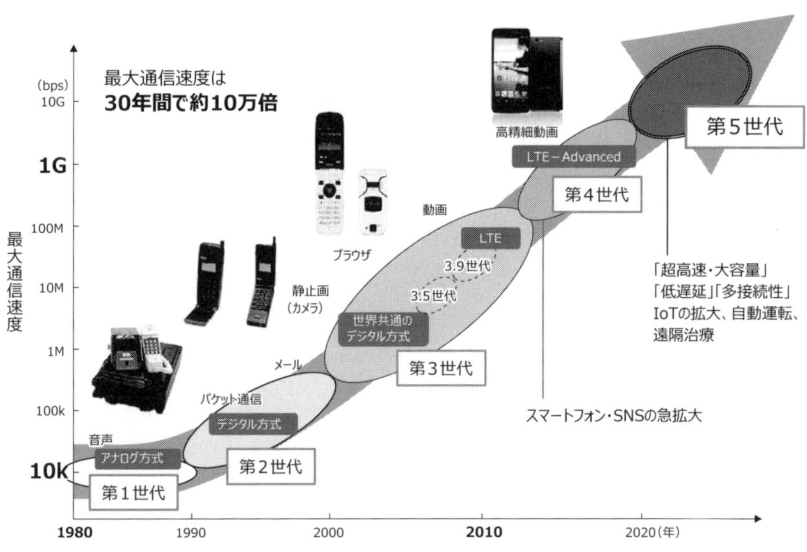

出所：『令和2年情報通信白書第1部』（総務省）をもとに和田作成

ミングから買い物や支払いまで，手元のスマートフォンでできるようになった。

そして今，第5世代移動通信システム「5G」が普及しつつある。5Gの特徴としては，「超高速・大容量」「低遅延」「多接続性」の3つがあげられる。

映画や音楽などの大容量コンテンツを遅延なく楽しめる，これまでにないeスポーツ観戦が楽しめる，高精細の映像をリアルタイムで送受信できることで，医療などにも利用シーンが拡大する，5Gネットワークを利用した自動運転が実現する，などの新しい通信技術の浸透により，私たちの生活やコミュニケーションはさらに進化していくことが予想される。

3.2　注目を集めるメタバース市場

5Gの普及やコンピュータグラフィックス（CG），仮想現実（VR）などデジタル技術の発展を背景に，メタバース市場に注目が集まっている。

メタバース（metaverse）は，meta（メタ／超越，高次の）とuniveres（ユニバース／宇宙）を組み合わせた造語である。1992年に登場したSF小説が起源といわれており，2000年代に登場した「セカンドライフ」がメタバースの走りとされている。また，Facebookが2021年に社名を「Meta（メタ）」に変更したことから，一躍メジャーワードの仲間入りをするようになった。まだまだ実験段階にあるメタバースだが，今後は，今リアルでしていることがどんどんメタバースに置き換わっていく可能性を秘めている。

例えば，エンターテイメント分野では，SDゲームや映画，音楽ライブやテーマパークをメタバース上で楽しめるようになる。また，不動産の売り買いや家具の購入，ニュースや広告を見ることもメタバース上で可能になる。ショッピングもメタバース上で，アバターの服や靴の購入，リアルな商品を購入することもできる。そして，仮想空間での会議や，NFT（非代替性トークン）を活用して，デジタルでつくったアートを売買できるようにもなる。つまり，メタバースとは，インターネットの仮想空間上でさまざまな体験ができるようになる仕組みといえる。また，現実世界では遠く離れた相手とも，仮想空間ではリアルに近いコミュニケーションができることもメタバースの魅力である。

KDDIは，メタバース（仮想空間）の新サービス「αU（アルファユー）」をスタートした。「αU」は，リアルとバーチャルの境界をなくし，音楽ライブやアート鑑賞，メタバース上での自分の部屋の作成のほか，友人との会話やショッピングなどの日常体験を，いつどこにいても楽しむことができるサービスだ。

また，三越伊勢丹ホールディングスは，IT，店舗，人の力を活用した「新時代の百貨店（プラットフォーマー）」を目指している。目的は，オフラインでもオンラインでも最高の顧客体験を提供すること。これまで培ってきたリアルな店づくりや接客力に，デジタルを加えた新しい顧客体験を提供している。VRを活用したスマートフォンアプリ「REV WORLD（レブワールズ）」では，リアル店舗と連動したバーチャルイベントの体験や，バーチャル売場で洋菓子やコスメ，ファッション商品の購入ができる。また，リアル店舗のスタイリストのアバターが顧客を迎えて接客するなど，コミュニケーションや買い物体験を楽しくする多彩な機能が盛り込まれている。

日産は，顧客との新しいコミュニケーションの場としてバーチャルギャラリー「NISSAN CROSSING（ニッサン クロッシング）」を公開している。実存する銀座のギャラリーを忠実に三次元化し，最新モデルの展示のほか，新車発表会や講演などさまざまな発信やコンテンツを通して，デジタル上でコミュニケーションを可能にしている。

ファッションブランドでも，メタバースを活用した新たなプロモーションに取り組む流れが活発化している。イタリアのハイブランド「グッチ」は，オンラインゲームのプラットフォームであるロブロックス上にバーチャルスペース「グッチタウン」を開設し，どんな体型のアバターでも着られる服などデジタルアイテムを揃えている。グッチタウンでは，さまざまなアクティビティに参加することで仮想通貨「GG Gem」を得ることができ，コンテンツは定期的に更新・追加されている。

NIKEもロブロックス内に「NIKELAND」を開設した。ナイキのファン同士がつながり，創作し，体験を共有したり競い合ったりすることができる。スポーツと遊びをライフスタイルに変えるという目標に基づき，ロブロックスの没入型３Ｄスペースにナイキ本社を背景にした独自の世界観を創出し，バーチャルスニーカーなどのNFTアイテムも製作している。

メタバースは，インターネットの次なる存在といわれており，世界中で新たな挑戦が繰り広げられている。現実と非現実が混じり合う新たな顧客体験は，消費生活者のブランド体験を強化することにつながる。そしてリアルとオンラインの境のないインタラクティブなコミュニケーションが可能になる。

カナダの調査会社エマージェン・リサーチによると，メタバース関連産業の市場規模は2028年には8,289億5千万ドルと，2020年のおよそ20倍に拡大すると予測されている。

・参考文献

岩田松雄 [2013]『ブランド』アスコム
鹿毛康司 [2021]『「心」がわかるとモノが売れる』日経BPマーケティング
スターバックス「会社案内」https://www.starbucks.co.jp/company/?nid=ft　閲覧日2023年3月31日
総務省「令和2年版情報通信白書第1部」https://www.soumu.go.jp/johotsusintokei/whitepaper/ja/r02/pdf/n1100000.pdf 閲覧日2023年4月1日
友野典男 [2006]『行動経済学』光文社
日経リサーチ「ブランド戦略サーベイ」https://service.nikkei-r.co.jp/service/bss/brand-strategy　閲覧日2023年3月31日
日経XTREND「中川政七商店が顧客向け新コンセプト　「共感」を促す仕掛けとは」https://xtrend.nikkei.com/atcl/contents/18/00408/00004/　閲覧日2023年3月31日
日本経済新聞「「熱意ある社員」6%のみ　日本132位，米ギャラップ調査」https://www.nikkei.com/article/DGXLZO16873820W7A520C1TJ1000/　閲覧日2023年3月31日
和田康彦 [2022]「Zのチカラ：ハイブリッド×消費」日本ダイレクトマーケティング学会　第21回全国研究発表大会
Corporate Communication Lab.「ソニーグループのPurpose経営」https://consult.nikkeibp.co.jp/ccl/atcl/20210818_1/　閲覧日2023年3月31日

GUCCI「GUCCI TOWN へようこそ」
https://www.gucci.com/jp/ja/st/stories/article/gucci-town-on-roblox　閲覧日 2023年4月1日

KDDI「～メタバース・ライブ・デジタルアートなどで，クリエイターエコノミーを創出～」
https://news.kddi.com/kddi/corporate/newsrelease/2023/03/07/6588.html　閲覧日 2023年4月1日

NIKE NEWS「ロブロックスに NIKELAND が誕生」
https://nike.jp/nikebiz/news/2021/11/22/4956/　閲覧日 2023年4月1日

NISSAN「NISSAN CROSSING」https://www.nissan.co.jp/crossing/　閲覧日 2023年4月1日

PRTIMES「2028年に8,289億5,000万米ドルに達する世界のメタバース市場規模」
https://prtimes.jp/main/html/rd/p/000000041.000082259.html　閲覧日 2023年4月1日

REV WORLDS「仮想伊勢丹新宿店」https://www.rev-worlds.com/place/4　閲覧日 2023年4月1日

第Ⅳ部

メディア&デザイン・マネジメントの展望

第 13 章 ■ デジタル時代の経験価値を高めるメディア＆コンテンツ

1　マーケティング・コミュニケーションの進化過程

2010 年頃から企業のマーケティング活動が大きく変化してきている。2010 年 9 月には，フィリップ･コトラーの『コトラーのマーケティング 3.0 －ソーシャル・メディア時代の新法則』が刊行され，ビジネスマンの必読書となった。さらに同氏は 2015 年のワールド・マーケティング・サミット・ジャパン 2015 でマーケティング 4.0 を提唱，Digitize or Die から始まった講演は私たちに大きなインパクトをもたらした。そして，2017 年 8 月『コトラーのマーケティング 4.0 －スマートフォン時代の究極法則』, 2022 年 4 月には『コトラーのマーケティング 5.0 －デジタルテクノロジー時代の革新戦略』が刊行されたことも記憶に新しい。ここ十余年，マーケティング界は目まぐるしく変化している。

その要因のひとつに，近年の急速なデジタルメディアの普及に伴うデジタル・デバイスの影響が大きいと考えられる。デジタルメディアの代表であるスマートフォン（以下，スマホ）の国内普及率は 2021 年に 88.6%（総務省「通信利用動向調査」2022 年）となった。

今日，デジタル時代のマーケティング・コミュニケーションに関しては数々の研究がなされているが，本章では特にメディア・コミュニケーションに重きを置いている。

消費生活者が商品・サービスを価格や性能だけで選ぶ時代は終焉を迎えて

久しい。また，製造業もサービス化の必要性が迫られている。マーケティングにおいてコミュニケーションは極めて重要なファクターであり，今日，そのあり方は大きく進化している。そこでまず，メディア・コミュニケーションの観点から日本のマーケティング・コミュニケーションにおける変遷の概略を図表13-1 にまとめた。

図表13-1　マーケティング・コミュニケーションの進化過程

	目的	主体	コンテンツ	コミュニケーション特徴
プロダクトマーケティング	普及	製造業	商品	知名・認知アップ
リテールマーケティング	選択	流通小売業	機能差別化 提案販売	クリエイティブ表現 顧客接点重視
インターネットマーケティング	評判	ネットメディア	情報サービス キュレーション	広報ＰＲ、評判 レビュー・クチコミ
デジタルマーケティング	関係	サービス	インサイト 対話	デジタルメディア スマホ、SNS コミュニティ・共創

出所：大島作成

まず，プロダクトマーケティング時代は，戦後の復興期を終え産業基盤が整備された後の 1970 年代～ 1980 年代である。大量生産・大量販売といったマス型商品を市場に投入，マス消費生活者を対象にした「モノ訴求型」の市場である。この時代，製造業は商品の普及率向上を目的として発展してきた。したがって，コミュニケーションの目的は，より多くの人にいかに商品の知名・認知を高めるかが重要なテーマであった。まさにマスメディア（マス広告）全盛期である。

次に 1980 年代から 1990 年にかけて市場の成熟化にともない消費生活者の暮らしも向上し，ライフスタイルの多様化が進んだ。この頃になると今までのように企業が主役ではなく消費生活者が主役となる消費生活者本位のマーケティングが重要となった。モノを購入するという単なる物質的欲求から，楽しい買い物を求め，商品を購入するまでの過程を楽しみ，購入後，安心してその商品を使用するための情報を求め，「コト」への欲求が徐々に高まった。流通小売企業を主体としたリテールマーケティングに変容したのである。この時代，製造業はいかに自社商品を選んでもらうかを重点に，その機能性に磨きをかけた。技術の進化にともない短サイクルで新商品の開発に取り組み，高機能・多機能化を実現させ他社との差別化を図った。広告コミュニケーションはそれらを伝えるためにクリエイティブ（表現）が重視された。アテンション効果の高いビジュアル表現や著名なコピーライターが席巻した時代である。

そして，マスメディア広告と同時に直接消費生活者との接点を持つ小売流通企業はその強みを発揮した。例えば，生活催事に応じた販売や商品のセールスポイントで生活提案（生活における便益性）訴求に取り組んだ時代である。
購買時点の店頭・売場づくりや接客技術などが注目され，製造業は消費生活者接点である売場を獲得するために数々の戦略・戦術を展開した。例えば，この時代は，まだマスメディアの効果も大きかったためメディア露出（広告展開）の多さで売場獲得を狙う取引もあったほどである。

しかし，1990年初頭にバブル景気が終焉，2000年頃には産業構造は一変した。耐久消費財の普及率は高まり，「モノ」から「コト」へという表現がますますビジネス界で拡がり，各業界で本格的なコト商品への取り組みが始まった。中でもGDPの約70%，全産業従業員の75%を占めるサービス業の台頭である。一方，消費生活者を取り巻く環境で最も影響を与えたのが，携帯電話とインターネットの普及である。プロダクトマーケティング時代の製造業とマスメディア，リテールマーケティング時代の小売店頭の情報化を経て，いよいよインターネットマーケティング時代の幕開けである。

情報革命とも揶揄されたこの時代，私たちは社会インフラとして新しい情報コミュニケーション手段（通信とデバイス）を手に入れたのである。企業は，製造業，流通小売・サービス業にかかわらず自社サイトをつくり情報の提供や消費生活者と直接つながり始めた。

2000年代前半は自社サイトの立ち上げと電子メール活用が主であり，ほとんどが従来のツール（会社案内やダイレクトメール）に代わるものとして活用された。以降，消費生活者は関心を持った事柄について容易に情報アクセスできる検索サイトをはじめ，個人ブログ，クチコミサイトやキュレーションサイトなど数々の新しいサイトが人気を集めた。中でもソーシャルネットワーキングサービス（SNS）が登場したことで企業と消費生活者は同じ土俵に立ち，結果，消費生活者は購入や利用の前にネット上のあらゆる評判情報（消費生活者のレビュー等）の獲得が可能となった。

そして，直近の約10年でも消費生活者は進化した。企業と消費生活者の距離はさらに近くなり，企業からの商品・サービスの提案を生活そのものに取り込むことから，参画型へ変化し，共に作り上げていくという共創時代へと変わってきている。いよいよデジタルマーケティング時代の到来である。

商品の普及率を高めたプロダクトマーケティング時代は，知名・認知・販売（認知・交換価値）を重視されていた。選択率を高めるリテールマーケティング時代は，商品の高機能化とともにその商品を所有することで得られる価値（既存商品との差異）の顧客接点における情報提供が重視され，提案販売などが盛んであった。また，商品の使用にあたって安心・安全が提供されるサービス（情報や保証制度など）がそれらに加わった。

そして，今後はその商品・サービスを通じて経験価値を高めることが企業経営を左右すると考えられる。商品とサービスの一体化（融合）が急速に進むと見られる。

企業は，商品・サービスの販売前，販売時，販売後すべての過程において消費生活者とのコミュニケーションによって関係性を重視しなければ，マーケティング目的の達成は困難な時代となってきている。したがって，商品・サービスを提供する企業にとって，消費生活者や顧客とのコミュニケーション（直接・間接）がますます重要になってきているのである。

2　SDLとメディア・コミュニケーション

マーケティング界の動向として，2004年にStephen L.VargoとRobert F.Luschによる Journal of Marketing誌に掲載された「Evolving to a New Dominant Logic for Marketing」も大きく影響している。日本では，井上崇通，村松潤一編著『サービスドミナントロジック　マーケティング研究への新たな視座』として2010年3月に刊行された。

図表13-2は，富士通総研の「企業の競争力を高めるICTの新たな活用法とマネジメント～サービス・ドミナント・ロジック視点でのビジネスを支えるICT～」に掲載された「サービス・ドミナント・ロジック視点でのビジネス」の概念図である。図表13-3は，それを消費生活者と企業との取引形態で表現している。

図表13-2　グッズ・ドミナント・ロジックとサービス・ドミナント・ロジック

	グッズ・ドミナント・ロジック	サービス・ドミナント・ロジック
考え方	モノ　サービス　単体	モノ　サービス　一体化
提供価値	・モノやサービスの交換価値	・モノに支えられたサービス全体の使用価値 ・経験価値　・顧客やサプライヤーとの関係性構築

出所：大島作成

図表13-3　消費生活者と企業との取引形態

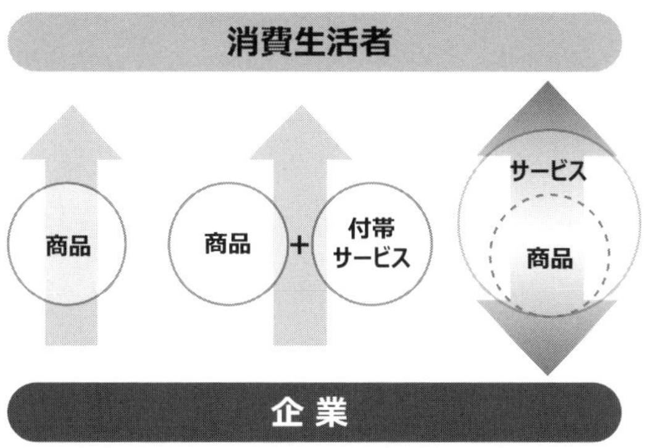

出所：大島作成

商品（モノ）の取引から耐久消費財を中心にアフターサービスなどが付加され，今後は商品（モノ）とサービスが一体となった取引が中心となる。つまり，商品だけで他社と差別化を図ることは困難となり，今日では，サービスを含めた自社の独自性を発揮することが不可避である。そこで，消費生活者の認知から利活用までのプロセスを 4 つに分けた。図表 13-4 は，それぞれ認知価値，交換価値，使用価値，経験価値の定義である。

図表13-4　4つの価値定義

	定 義
1．認知価値	消費生活者が商品・サービスを知る価値 気づきや動機付け
2．交換価値	経済価値、消費者生活者が商品・サービスを利用することで得られる価値情報
3．使用価値	安全・安心に使用でき、 快適に（気持ち良く）生活ができる価値
4．経験価値	継続的に快適＋快楽（楽しさ）を 得られる価値

出所：大島作成

図表13-5は，消費生活者の認知から購入，使用，経験までのプロセスごとにメディア＆コンテンツの役割（外枠）を加えた。

プロダクトマーケティング時代は，特に①認知価値に重きを置いてきた。そのためマーケティング・コミュニケーションは，マスメディア中心で一方通行のコミュニケーションであった。

次にリテールマーケティング時代は，②交換価値訴求が強化され顧客との接点（売場，店員，カタログ，DM，チラシ，パンフレットなど）で数々のメディア＆ツールを駆使し，商品の差別的優位性を伝えてきた。提案型情報をコンテンツとして掲載し，同類の商品・サービスの中から消費生活者自身に選択されるように導いた時代である。主に②交換価値，③使用価値の時代である。

図表13-5　消費生活者の認知価値から経験価値までのプロセス

出所：大島作成

ところが，数々の研究結果にあるように現代はモノからコト時代と言われ，製造業でさえもサービス化への取り組みが急務であるなどと言われている。今後のマーケティング活動の中で，顧客との関係づくりで重視されるのは，③使用価値，④経験価値であり，メディア・コミュニケーションによって関係性の質をいかに高めるかである。

そこで，まず，プロダクトマーケティング時代を象徴する耐久消費財であり，今日の超成熟市場における「モノ」の販売事例として自動車販売の最近の動きを取り上げた。

3　認知価値から交換価値，使用価値のメディア・コミュニケーション事例

3.1　自動車販売

不具合時に写真送信「ベンツ所有者向けアプリ」
2016年2月12日日経ＭＪ掲載記事より抜粋

メルセデスの会員専用サイト「マイメルセデス」がスマホアプリ（2022年7月「Mercedes Me」に名称変更）の提供を始めたことで話題となっている。

会員は車両1台1台につけられた車台番号や利用している販売店を登録し，車のメンテナンスの記録などができるようになっている。例えば，車の利用時に警告灯が点灯したり，車体に傷や凹みができたりした場合にアプリで気になる部分を撮影し，車の位置情報と共に販売店に送信できる。

これまでは，顧客から電話で不具合を伝えることが多かったが，写真を使い電話で伝えにくい情報を販売店に車を持っていく前に共有できるようになり，修理の流れや費用について事前に話し合い，スムーズに進めることができる。

また，大規模なショッピングセンターで駐車した場所をすぐに見つけられるように位置情報を記録する機能もある。さらに車種名と年式を入力すると，動画共有サイトのユーチューブで，安全システムの説明や装備の点検方法の解説が見られるコンテンツも用意されている。

メルセデスベンツ日本はインターネットの活用にも力を入れており，アプリと並行して自社で通販サイトを立ち上げ，メルセデスのロゴが入ったバッグや文具を販売しており，メルセデス車の所有者に人気となっている。

図表13-6　自動車販売

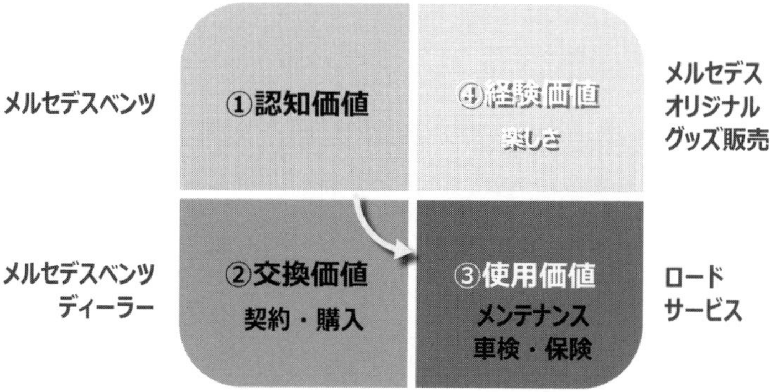

メルセデスベンツ　①認知価値
④経験価値　楽しさ　メルセデス オリジナル グッズ販売
メルセデスベンツ ディーラー　②交換価値　契約・購入
③使用価値　メンテナンス 車検・保険　ロード サービス

出所：大島作成

これらのようにメルセデスベンツ日本では，自動車販売後も継続して顧客と直接・間接を問わず関係を継続させるプログラムが用意されている。

プロダクトマーケティング時代は，自動車販売は，知名・認知，イメージ，交換価値に重きが置かれ，納車後は，メンテナンスや車検など必要最低限のアフターサービスが電話・DMなどで案内され，販売店（担当営業マン）と顧客は定期点検時や数年後に訪れる買い替え時期まで着かず離れずの関係であった。

しかし，デジタル時代となるとその手法は多岐に渡る。そして，数々のやり取りは顧客ごとにデータとして記録され，蓄積されることで販売店は顧客のカーライフ全体を掴むことが可能となる。

また，出光興産株式会社でも2021年11月にDrive On（ドライブオン）というアプリを活用したサービスをスタートさせた。「いつも手のひらにあるカーライフパートナー　出光グループのサービスステーションがより便利でお得に！　店舗からのアプリ限定クーポンも配信」として4つの特典が用意されている。登録するとお得なクーポンがもらえるほか，豪華な賞品が当たるキャンペーンにも参加できる。カーメンテナンスが簡単に予約でき，そして，お出かけスポット検索機能もある。さらに便利な機能が備わっており，位置情報機能を活用した「現在地から近いお出かけスポット」紹介や「全国各地のおすすめドライブスポット」紹介など，「観る・遊ぶ・食べるなど，目的に合わせたスポットも検索が可能」としている。登録者にとっては便利で快適なカーライフを送ることができ，まさに企業にとっては顧客のカーライフ，ドライビングライフに関する幅広い情報を得ることが可能となっている。

3.2　食品スーパー

次に小売業のマーケティングツールトレンドのひとつとしてスマホアプリの活用がある。筆者は，食品スーパーのオリジナルスマホアプリを開発するプロジェクトに関わる機会を持った（2019年1月～6月）。そのプロセスで来店客アンケートを実施し，その結果分析を踏まえ研究を進めた。

近年，小売業のスマホアプリは，オリコミチラシ閲覧機能を備え，加えてクーポンやポイントなどで来店促進を目的としている。このときの調査目的は，「お客様が，食品スーパーのスマホアプリに求める機能」とした。サンプル数は，3店舗計666名（調査実施：2019年3月5日～6日），各店舗来店客記入式，一部ヒアリングを実施した（協力食品スーパー概要は，関東エリア約20店舗展開年間売上約200億円：2019年3月同社HPより）。

3.2.1　食品スーパーのオリコミチラシ閲覧実態（認知価値）

全体では約63%のお客様がオリコミチラシを閲覧している。年代別にみると，若い層の10～30代は約20%，一方，60代以上においては，約75%の方がよく見ると答えている。平成世代と昭和世代におけるメディア接触の違いが浮き彫りになった。60代以上は，いわゆるプロダクトマーケティング，リテールマーケティング世代である。食品スーパーは，商圏内の消費生活者に集客・来店促進を目的として主に新聞オリコミチラシを活用してきた。

図表13-7　オリコミチラシ閲覧率

		n＝	よくみる	たまに	あまりみない	見ない	無回答
全体		(666)	62.6	14.1	5.4	15.0	2.9
店舗別	A店	(201)	64.7	16.9	4.5	11.9	2.0
	B店	(200)	47.5	16.0	9.5	25.5	1.5
	C店	(265)	72.5	10.6	3.0	9.4	4.5
年代別	10～30代	(79)	20.3	29.1	10.1	40.5	
	40・50代	(158)	54.4	14.6	12.0	18.4	0.6
	60代以上	(399)	74.7	11.8	1.8	8.8	3.0

出所：大島作成

3.2.2　買い物時重視する事柄（交換価値）

次に食品スーパーに求める項目を選択肢として設けた。結果（図表13-8）は，食品の特性上，価格と鮮度，次に安心・安全，品揃え，品質，これらに簡単調理便利商品と続く。安心・安全に対して厳しい目を持っている傾向が他の世代に比べて60代以上で高い。年代別傾向は，10代～50代は80%以上が価格を最も重視しているが，60代では鮮度が最も重視されている。

図表13-8　買い物時重視する事柄

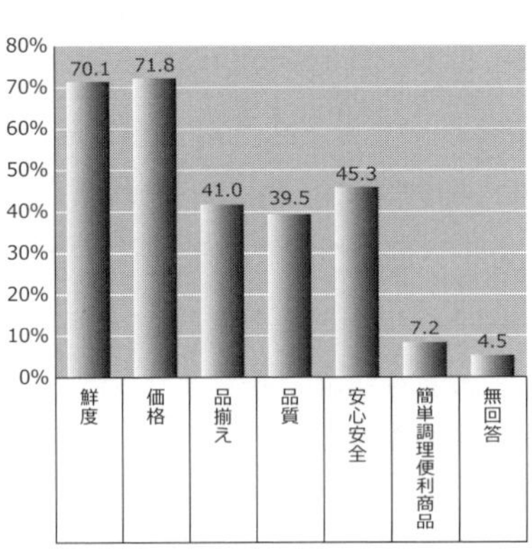

出所：大島作成

3．2．3　販促アプリにほしい機能

販促アプリに求められる機能は，大きく 3 つのグループに分類できた。ひとつは，割引やクーポンなどのお買い得情報である。食品においては，このニーズはいつの時代になっても高い。次にオリコミチラシと連動した商品リスト機能（お買い得商品一覧表）。3 つ目は生産者情報がわかるしくみ。これは，図表 13-8 の買い物時重視する事柄にある鮮度や安心安全との相関が見られた。

また，この項目に関しては，フリーアンサーを設けた。お客様自身による記入もしくは一部ヒアリングとした。要約分類すると以下である。

・季節の旬の食材を使ったメニュー提案

・お豆腐の食べ方などちょっとした情報

・おすすめ食材の調理方法

・特売品を使ったメニュー提案

・惣菜にひと手間の方法

・時短調理メニュー情報

・テレビで話題になっている食材を使った料理

などである。「クックパッド」を代表とするレシピサイトが主婦に人気を集めている裏付けともいえる。

図表13-9　販促アプリにほしい機能

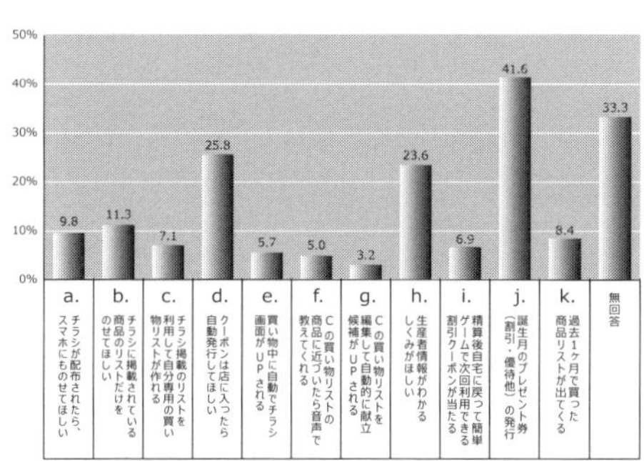

出所：大島作成

つまりお客様としては，いつも利用する店のお買い得な商品情報と連動した献立レシピ情報を買い物時に得られるほうが利便性はさらに高まる。

3.2.4　結果要約

オリコミチラシ閲覧実態にあるように，全体では約20％の人にはオリコミチラシ情報は届いていない。また，一般社団法人日本新聞協会より2022年10月に調査発表されているように，新聞世帯購読率は2008年以降1世帯あたり1.0を割り，2022年には0.53となっている。つまり，2世帯のうち1世帯しか新聞購読をしていない。

そこで，小売業はスマホの急激な普及にともない来店促進・集客を目的にマーケティングツールとしてオリジナルアプリやLINE，チラシ閲覧アプリ（シュフー，チラシルなど）を活用している。

また，消費生活者は，図表13-8：買い物時重視する事柄にあるように，食品購入の際に重視する項目として，価格の次に鮮度や安心安全を求めている。具体的にどういう情報コンテンツかを分析してみると，例えば図表13-9：販促アプリにほしい機能の「生産者情報がわかるしくみ（約23％）」（トレーサビリティ）である。

これは，売場やパッケージでよく見られる「○○産」や，「私が大切に育てました！」という生産者の顔写真付きのPOP（購買時点表示）などである。

図表13-10　食品スーパー

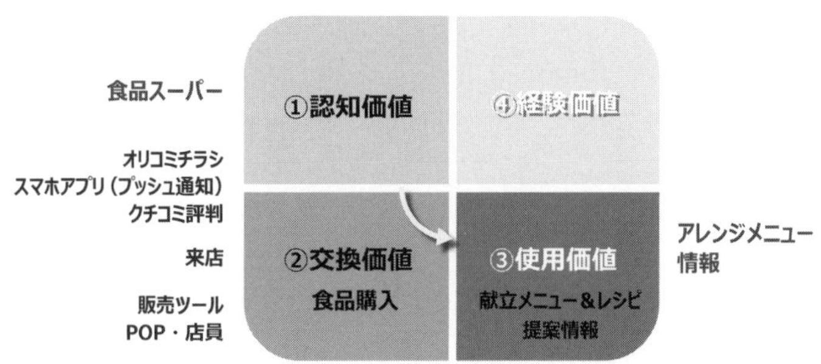

出所：大島作成

食品購入においてお客様は，まず，お得な情報（認知・交換価値情報），次に安心・安全食材を求めるための生産者情報などを確認したいというニーズが強い。さらにフリーアンサーおよびインタビューから，スマホアプリに求められている機能としては，「献立ヒント集」「特売品を食材にしたメニューやレシピ紹介」「冷蔵庫にある食材を入力すれば夕食の献立候補が数種類提案される」などであり，毎日の献立に苦労する主婦の姿が見える。

これらのことから現在の食品スーパーは，消費生活者（顧客）から交換価値（お得感や値ごろ感），安心・安全価値，使用価値（食材を活用した献立）を求められていることがわかる。

4　経験価値から認知価値へ循環型メディア・コミュニケーション

4.1　消費生活者への提供価値と各メディアの適合性

図表13-11　4つの価値別　主なメディア＆ツール

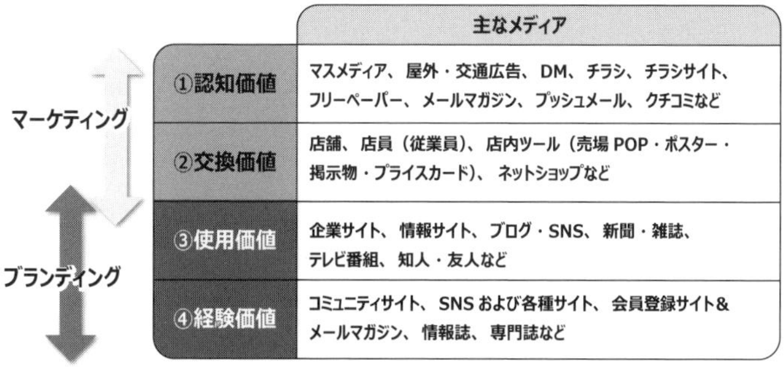

		主なメディア
マーケティング	①認知価値	マスメディア、屋外・交通広告、DM、チラシ、チラシサイト、フリーペーパー、メールマガジン、プッシュメール、クチコミなど
マーケティング	②交換価値	店舗、店員（従業員）、店内ツール（売場POP・ポスター・掲示物・プライスカード）、ネットショップなど
ブランディング	③使用価値	企業サイト、情報サイト、ブログ・SNS、新聞・雑誌、テレビ番組、知人・友人など
ブランディング	④経験価値	コミュニティサイト、SNSおよび各種サイト、会員登録サイト＆メールマガジン、情報誌、専門誌など

出所：大島作成

4つの価値の向上のための情報接点（コンタクトポイント）は，図表13-11のようになる。認知価値・交換価値訴求は主にマーケティング活動で，使用価値・経験価値訴求は主にブランディング活動といえる。

その上で，今回取り上げた自動車販売と食品スーパー事例を考察する。

4.2　自動車販売考察

認知価値は，広告が主体でテレビＣＭ（イメージ広告，フェア告知）やオリコミチラシなどで見込み客に認知され，同時に動機付けにつながり，店舗や施設に足を運ぶことになる。

次に交換価値は，来店による現物確認，試乗などを経て従業員などからプレゼンテーションを受け，他の候補車や予算など検討しながら契約･購入に至る。以降，メンテナンスやアフターサービス，保険などの紹介を受けることとなる。

今後は,使用価値についてはスマホを活用して顧客との「つながり」を持ち，対話を重ねながら安心・安全かつ快適なカーライフを提供することや車検の連絡や消耗品の交換，故障やちょっとした相談事などへの対応も可能である。さらに家族構成の変化に伴い，保険の見直し提案などが可能となる。

経験価値に関しては，つながることで価値を実感するために顧客対話を継続しながら，その反応などをデジタルデータで見える化，インサイトする（洞察･本質を見抜く）力が重要となる。そういったデータから顧客が求める興味・関心情報の発信，快適･快楽性を提案し続け，経験価値を高めるコミュニケーションが求められる。

図表13-12　自動車販売　経験価値モデル

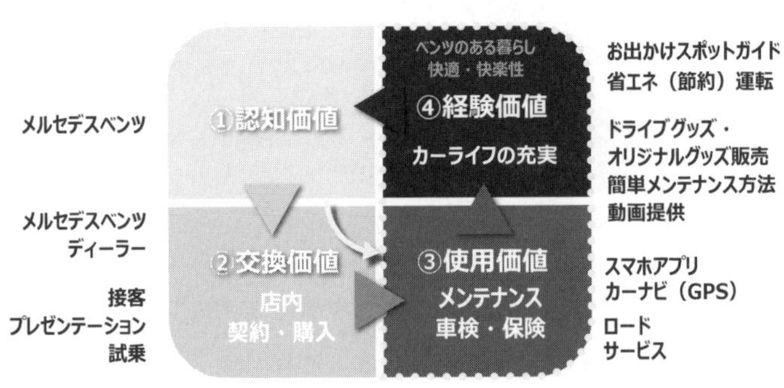

出所：大島作成

また，現在ではほとんどの乗用車に装備されているカーナビゲーションシステムの履歴から得られる情報も多くある。例えば，どれくらいの頻度でどういう場所に行楽に行く傾向がある家族かを企業は把握可能である。それらのデータを蓄積，分析することで顧客が求める情報を提供することができる。これらの情報をタイムリーにスマホにプッシュ通知し，同時に，上手な省エネ運転方法もひとこと付け加えることで，顧客（ドライバー）にとって大変ありがたい情報となる。つまり，顧客の「安全・安心で快適かつ楽しいカーライフを実現する」ことがこれからの自動車販売業の使命ではないだろうか（図表 13-12）。

4．3　食品スーパー考察

認知価値に関して消費生活者は，生活圏内にある商業施設の中から平日利用の食品スーパーと週末利用の大型商業施設を決定する。それは，近くに住む知人・友人からの評判を参考に，実際にひと通り行ってみて判断することになる。さらに新聞購読者には自宅に入るオリコミチラシ情報から利用店舗を選択する。次に交換価値については，利用頻度が高い食品スーパーの場合，特売情報や店頭の商品情報などで買上げ率が高まる。使用価値は，売場で提供される（ツールや店員）情報などから旬の食材，安心・安全が担保される生産者情報やメニュー情報を献立の参考にする。主婦の普段の悩みのひとつとして夕食の献立，子供のお弁当の献立があげられる。こういった主婦のちょっとした悩みを解決する機能を持つことが食品スーパーに求められている。最後の経験価値に関しては，食品スーパーは，今までは使用価値を高める情報提供によって競合店との差別化が可能であったが，これからはさらに食品販売を通じて経験価値を高めることが求められる。それは，経験価値を高めるために提供すべき情報は，従来のような食品販売という業態発想ではなかなか出てこない。

そこで，消費生活者インサイトが重要となるのである。本来，食生活は何のためにあるのか，食に何を求めているのか，また，その周辺にどういうニーズが存在するのか，消費生活者自身もまだ気づかない事柄を発見し，それに対応することが必要となる。

例えば，図表 13-13 のようにその家庭にマッチした献立情報はもちろんのこと，それぞれの家族構成に合ったレシピや必要な栄養情報，小さな子供が居る家族催事にはにぎわいのある食卓を提案するメニューと演出物などが考えられる。さらに食生活の本質である健康・美容に関する情報提供なども考えられる。

したがって，食品スーパーは食材販売ではなく「食を通じて，家族の健康・美容に貢献するサービス企業」でなければならない。これらにいち早く着目し，スピーディーに実現することでお客様に支持され，競合店に比べて継続的に優位性を保てると考えられる。

図表13-13　食品スーパー　経験価値モデル

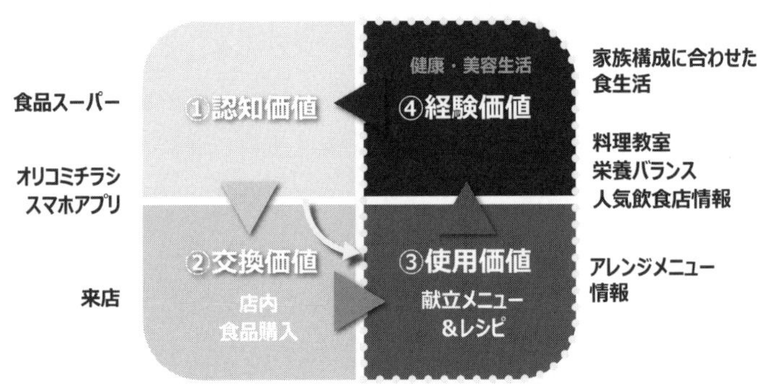

出所：大島作成

企業経営の最終目的は，顧客満足の提供と収益の獲得，さらなる社会発展への貢献を継続することにある。今日のような超成熟社会において機能や便益性だけで消費生活者から選ばれ続けることは，至難の業である。したがって，それら以外の差別化戦略が企業に求められる。

デジタルメディアの出現にともない企業と消費生活者は，従来のような供給者と需要者，提供者と購入者という関係ではなく対等となった。

そして，両者は，図表 13-14 のようにデジタルメディアによって「つながり」，関係の質を高めてゆくパートナーであり，情報交換・共有しながらその過程では数々のモノが生まれる可能性を秘めている。

企業は，消費生活者が購入・所有に至ったモノを安全・安心に使用でき，さらに使用価値・経験価値を高める情報サービスを提供しなければならない。

このような持続的対話によって消費生活者の生活スタイルを把握，次にその顧客が望む経験価値を高めるコミュニケーション（対話）が必要となってきている。関係が深まってくると必然的にコミュニケーション内容にも変化が生まれ，よりパーソナライズ（その人にマッチしている）化が期待される。そしてそれは，デジタルテクノロジーの活用により実現可能である。

図表13-14　関係価値モデル概念図

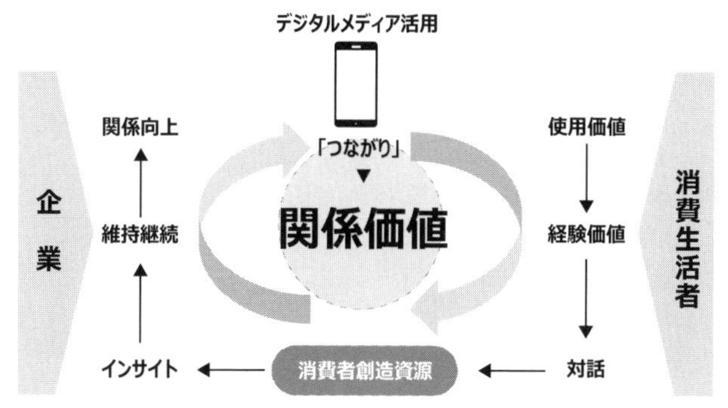

出所：大島作成

この実現には，消費生活者インサイトを駆使し，得た情報を消費者創造資源（顧客のために活用する経営資源）として捉える分析力が大切なスキルとなる。また，これらは従来の一方通行のコミュニケーションでは実現は不可能であり，デジタル時代のコミュニケーションは対話が要（かなめ）となる。

今日，消費生活者は使用・経験価値を高めるために自ら積極的に情報を取得している。例えば，認知ではマスメディア，あるいはネット広告・検索，交換価値では売場・施設などの現場，ＥＣサイトのレビュー等，使用価値では商品に付帯している最低限のサービスをはじめネットの各サイトなどへのアクセスである。さらに，経験価値を高めるために，テレビのバラエティ番組や特番，雑誌の特集や新聞記事，また，友人・知人からのクチコミ情報などを取得している。

そして，経験価値が充実すると，消費生活者はSNSなどでその情報を発信・拡散することでさらに認知が高まる。これが図表13-15で示した循環型メディア・コミュニケーションである。

図表13-15　循環型メディア・コミュニケーション

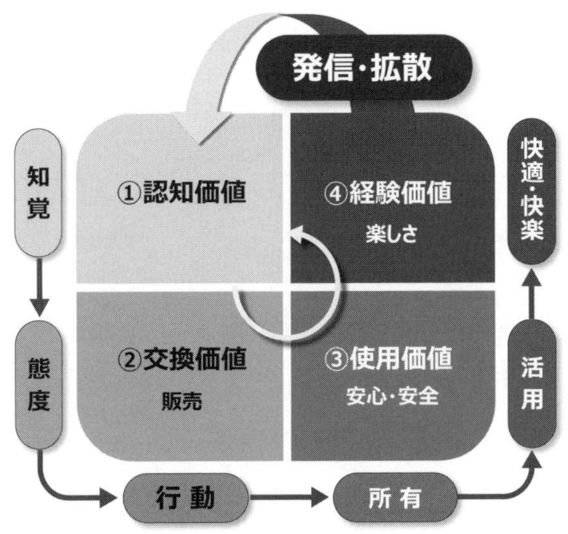

出所：大島作成

これまではメディア間が分断されていた。それがデジタル時代になるとすべてシームレスにつながる。このような消費生活者の情報環境を最大限活用できるか否かで，企業の持続的成長は左右されるといえる。

デジタル・デバイスによって両者は「つながり」ながら関係の質を高めてゆくことができる環境となった。そして，継続的対話実現には，日々現場でスピーディーに意思決定することが必要不可欠であり，今後のマーケティング活動，ブランディング活動にデジタル・デバイスを有効活用しなければならないので，顧客とのコミュニケーションと同時に社内におけるデジタイズ（Digitize）が必須である。

・参考文献

一般社団法人日本新聞協会 2022 年 10 月　新聞の発行部数と世帯数の推移
井上崇通，村松潤一 [2010]『サービス・ドミナントロジック　マーケティング研究への新たな視座』同文館出版
大島一豊 [2017]「デジタル時代の経験価値向上に貢献するメディア&コンテンツ考察」日本ダイレクトマーケティング学会　第 16 回全国研究発表大会
「食品スーパーにおける販促アプリ調査」実施概要
調査実施日:2019 年 3 月 2 日土曜日, 3 日日曜日サンプル数:計 666 名（3 店舗）。
アンケート方法：来店客レジ済後記入式，一部ヒアリング。
調査協力については，関東エリア約 20 店舗展開で年間売上約 200 億円（2019 年 3 月同社 HP より）。
菅原正博 [1988]『戦略的マーケティング』中央経済社
総務省 『平成 25 年版　情報通信白書』
第 1 部　特集「スマート ICT」の戦略的活用でいかに日本に元気と成長をもたらすか
第 1 節　新たな ICT トレンド＝「スマート ICT」が生み出す日本の元気と成長
日経ＭＪ「不具合時に写真送信「ベンツ所有者向けアプリ」」 2016 年 2 月 12 日
フィリップ・コトラー [2010]『コトラーのマーケティング 3.0―ソーシャル・メディア時代の新法則』朝日新聞出版

第14章■消費生活者との関係性に注目したコミュニケーション・デザイン

1　なぜ，ネット企業はテレビCMを活用するのか

2022年　日本の広告費（株式会社電通2023年2月発表）は，過去最高の7兆1,021億円と発表された。インターネット広告費は，3兆円（前年対比114%）を超え，一方，テレビ広告費は1兆8,000億円（前年対比98%）である。図表14-1にあるように2019年にインターネット広告費がテレビ広告費を逆転した。その後，新型コロナウイルス感染症が流行，コロナ禍となった2020年～2022年の3年間でインターネット広告費は約36%増加した。今後も増加傾向は否定できないが，成長率は鈍化傾向にある。2020年から2021年は，121.4%，2021年から2022年は114.3%となっている。これは，果たして何

図表14-1　テレビ広告費とインターネット広告費

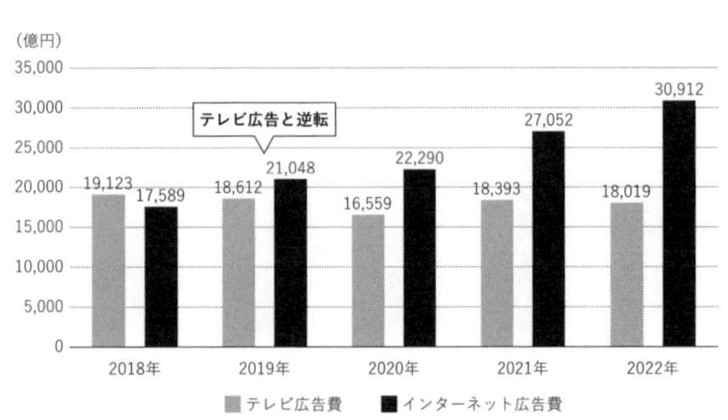

出所：株式会社電通　「2022年 日本の広告費」から大島作成

を意味しているのか。インターネット黎明期と言われる 1995 年から 30 年を迎えようとしている今日，デジタルテクノロジーの進化スピードはますます速まり，ネットメディアは次のステージへの節目になっているのではないだろうか。

つまり，インターネットの広告メディアとしての役割は一巡したと考えられる。ネットには無限のスペースが存在する。したがって，従来からの広告モデル（メディアのスペースを活用して，企業の情報を掲載するビジネスモデル）ではスペースは無限であり，これからも増加傾向の可能性は十分あるにもかかわらず，先述したようにその成長率は鈍化傾向にある。

そこで，『メディア・ブランディング－新世代メディア・コミュニケーション』で紹介した情報環境設計である（図表 14-2）。これは当時，企業のコミュニケーション計画を作成するにあたり，どのメディア（手法）を活用するかではなく，トリプルメディア（オウンドメディア，ペイドメディア，アーンドメディア）論をベースにコミュニケーション目的は何かを起点としたメディア計画を立案することが重要であるということを論じている。

図表14-2　情報環境設計

コミュニケーション目的	提案 説明・説得	注意喚起 興味・関心	好評判 ファン形成
	自社メディア ダイレクトメディア	広告メディア	広報PR ソーシャル・メディア
マスメディア系		TV 雑誌 新聞 ラジオ 冠イベント	マスメディアの ニュース・記事など 各種パブリシティ
インターネットメディア系	HP、公式ファンサイト ブランドサイト キャンペーンサイト サテライトサイト、EC	バナー広告 電子メール広告 検索連動型、 行動ターゲティング	ポータルサイトニュース CGM、ブログ、SNS、 投稿動画、掲示板、 レビューサイト
プロモーションメディア系	カタログ、各種印刷物 店舗、ショールーム、 工場、施設、イベント・ 展示会、電話、社員	屋外広告、交通広告 ニッチメディア、 デジタルサイネージ (DOOH)	直接対話、ロコミなど
	コンテンツ		

出所：菅原正博，山本ひとみ，大島一豊[2012]『メディア・ブランディング－新世代メディア・コミュニケーション』p.72図表5-8より大島作成

ここでは，進化するテレビ広告とネットメディアの連携によるコミュニケーションを考察する。

テレビ広告には，タイムCMとスポットCMの2種類があり，スポットCMの契約をする時の単位にGRPがある。GRPとは「Gross Rating Point（グロス・レイティング・ポイント）」の略で，一定期間に放送されたテレビCMの視聴率を合計したものである。

また，2020年3月，ビデオリサーチ社は新しい視聴率調査を開始した。従来の世帯視聴率から個人視聴率の取得が本格化したのである。これにともない，コア視聴率という13歳から49歳の男女に絞ったデータが注目される。いわゆる商品購買意欲の高いファミリー層の視聴率であり，特に知名・認知度アップを目的にした場合に重宝されている。加えて，今までデータ取得が困難と言われていたタイムシフト視聴率（録画での視聴）も取得が可能となって，より細かな広告出稿計画が可能となった。

一般的にGRPが大きければ大きいほど知名・認知効果は高まり，約500GRPがひとつの目安である。しかし，放送するエリアや時期，さらにCM自体のインパクト，起用するタレントの知名度や話題性など，つまり，コンテンツによって効果も異なる。したがって，全体予算や目的，そして商品・サービスの特性に応じて目標のGRPを決定する。

広告市場を分析する際，テレビ広告費vsインターネット広告費で語られることが多いが，本来企業視点では，テレビ広告orインターネット広告，テレビ広告andインターネット広告なのである。例えば，近ごろではインターネット企業のテレビCMが目立っている。楽天市場，amazon，メルカリ，ZOZOTOWNをはじめネット保険会社，EC，ゲーム，マンガアプリなどである。その目的は知名・認知度を高め注意・喚起，興味・関心を得ることであり，主に新規顧客獲得である。当然，これらの企業はインターネット広告も活用しているが，短期的に知名・認知を高め，ターゲットへの信頼性を高めるにはテレビ広告（放送という公共インフラ）を活用することが合理的であることは明白である。

そして，それをきっかけに消費生活者が興味・関心を持つと必ずといっていいほどネットメディアで検索してその情報にアクセスする。ここで重要となるのは，自社メディア（公式の各サイト）である。アクセスしやすいようにSEO対策はもちろん，ターゲットにより検索方法の特性も異なることを考慮し，自社サイトにアクセスしてきた消費生活者が満足する情報を掲載している必要があり，そのコンテンツが用意されていることが最優先となる。つまり，LP（ランディングページ：最初に閲覧するサイトページ）とナビゲーションなどのサイト設計や，さらにコンテンツの量質が問われるのである。このようにメディア・コミュニケーションを設計するにはその目的に応じたメディア計画とアクセス者（来訪者）の満足度を高める策が重要となる。

2　コミュニケーション・デザインの指標事例（NPSとRFM）

企業のマーケティング活動の中で消費生活者インサイト（洞察）やペルソナ（ターゲット人物像，詳細），カスタマージャーニー（購入に至るまでの思考や感情を可視化）など，消費生活者を分析する方法がある。その中で，いま，改めて注目されているNPS（ネットプロモータースコア）がある。NPSは2003年にベイン・アンド・カンパニーが開発した顧客ロイヤリティを測る指標である。

図表14-3　NPS

・「この商品・サービスを友人や同僚に薦める可能性はどのくらいありますか？」0～10点で回答
・10点と9点の回答者を「推奨者」、8～7点を「中立者」、6～0点を「批判者」と、3つに分類
・推奨者の割合から批判者の割合を引く

出所：大島作成

「企業やブランド，商品・サービスについてどれくらいの愛着や信頼があるか」を数値化することで，企業の消費生活者との接点において顧客体験の評価・改善に活かされている。ポイントは，推奨度を可視化している点である。それは，事業の成長率との高い相関があることから，顧客満足度に並ぶ指標として注目されている。

また，NPS実施にあたり留意すべき点は，単なるスコアの測定にとどまらず次の具体的な改善アクションに結びつけるために，ロイヤリティに影響のある要因をとらえた調査項目を加え，顧客からのフィードバックの改善のために行動を起こし，顧客に働きかけるサイクルを作っておくことが必要だということである。

NPSスコアは，ECでよくみられるレビューや星の数などに通じる。これらはそれを参考にして購入する人などが実際存在し，購入のきっかけや販売促進に直結する情報となっている。そこで次に，ECなどで顧客分析に活用されてきたRFM分析をいかにデジタル時代のコミュニケーションに役立てるかを考えてみたい。

図表14-4　RFM

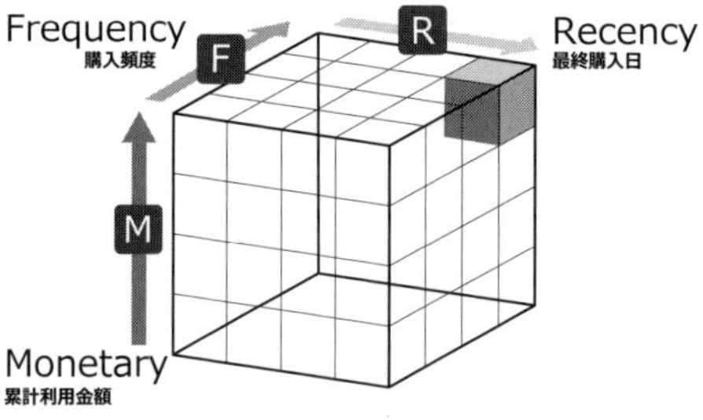

出所：大島作成

RFMは，Recency（最終購入日），Frequency（購入頻度），Monetary（購入金額）の3つの指標で顧客を分類してグループ化し，それぞれの特性を知りマーケティング活動に活用する分析手法である（図表14-4）。

まず，Recencyは，最近購入した顧客のほうがより良い顧客である。次にFrequencyは，どの程度の頻度で利用しているかの指標であり，一定期間の購買履歴から何回購買したか，その回数が多ければ多いほど上位顧客となる。最後のMonetaryは，文字通りこれまでの購入金額合計である。当然ながら優良顧客とは，最近購入した顧客×購入頻度が高い顧客×購入合計金額が多い顧客ということになる。

しかし，ここでもRFMは顧客分析をすることが目的ではないということである。新規顧客グループに対して次の購入利用へいかに結びつけるか，優良顧客への育成策，あるいは休眠顧客グループへの対策企画など顧客との接点を持ちながら，さらに効くプロモーション策へつなげることが目的なのである。また，一定期間での顧客の見極めも必要となり，次のアクションプログラムにつなげることを前提とした顧客分析手法でもある。

3　コミュニケーション・デザインの新指標（エンゲージメントと関係の質）

次にSNSでエンゲージ度，つながり度を測る指標事例としてエッジランク（Facebook）がある。現在は，アルゴリズムと呼ばれている。まず，このエッジランクを構成する3つの要素を紹介する。それは，親密度（Affinity score）・重み（Weight）・経過時間（Time）である。

親密度は，普段のコミュニケーションでコメント，いいね！，タグ付けなどといわれている。さらにプロフィールページの閲覧がスコアを高める。次に重みは，リアクション回数であり，いいね！よりもコメントのほうがスコアは高まり，また，テキスト形式の近況投稿に対するものよりも写真や動画のほうが重みは高いとされている。経過時間は，投稿後のリアクションされてからの経過時間である。これらの各指標のかけ合わせでエンゲージ度が決まる。つまり，アクションと反応によるコミュニケーション頻度といえる。

このようにデジタルテクノロジーによって公式SNS，ホームページやECサイトのアクセス情報をアナリティクス分析しながら，コミュニケーション方法やコンテンツの改善をスピーディーに行うことが可能となった。

そこで，次に2「コミュニケーション・デザインの指標事例」でも触れたNPSと独自の熱狂度という指標でファンとのエンゲージメントを測る事例を紹介する。

『18年連続増収を導いたヤッホーとファンたちとの全仕事』日経BP

クラフトビール市場で元気な「よなよなエール」で知られるヤッホーブルーイング（以下，ヤッホー）である。2020年11月期には18年連続で増収を達成した。新型コロナウイルスの感染拡大の影響で大苦戦するビールメーカーがある中，2020年12月から2021年2月（第1四半期）も売上高が 前年比43% 増 という好調ぶりである。

その要因として，ヤッホーが好きで，よなよなエールをはじめ数々の個性的なビールを品揃えし,それらを愛飲し続けるファンの存在がある。ヤッホーは，同社製品の世界観（ブランド）や品質，機能に加え，会社の価値観にも共感・支持する人々を「ファン」と定義している。まるで仲間や親しい友人，同志と接するようにコミュニケーション計画を実施しているのである。そういった企業姿勢に共感し，さらにヤッホーの応援に熱が入るという好循環をつくり出している。「ファンコミュニティ」の形成におけるひとつの成功事例である。

図表14-5　推奨意向度（NPS）

【推奨意向度(NPS)】
あなたにとって「よなよなエール及びヤッホーブルーイングの製品」を友人や知人にどれぐらいすすめたいと思いますか、あなたのお考えに近いものをお選びください。

熱狂（Hight）	10	すっかりハマっている（夢中だ、ぞっこんだ）
	9	愛着を感じながら使用している/飲んでいる（幸せを感じる）
中立（Middile）	8	好きで使用している/飲んでいる
	7	
非熱狂（Low）	6	
	5	
	…	
	1	悪くないと思いながら使用している/飲んでいる（そこそこ満足）
	0	なんとなく使用している/飲んでいる

出所：佐藤潤[2021]『18年連続増収を導いたヤッホーとファンたちとの全仕事』p.163

図表 14-5，図表 14-6 は，ヤッホーがファン分析に用いている指標である。ひとつは図表 14-3 で示した NSP である。もうひとつは独自の指標である熱狂度である。レベルは 5 項目で「ハマっている・愛着，好き，悪くない・なんとなく」の Hight, Middle, Low の 3 段階に分類される。2010 年のスタート以来，約 1,000 回の大小さまざまなリアルイベントやオンラインイベントなどを開催するたびにアンケートを実施している。

これは消費生活者をテレビ CM などのマスメディアを活用したキャンペーンやプロモーションで知名・認知を高め，新規顧客を一気に取り込む従来のマーケティング・コミュニケーションとは大きく異なる。消費生活者のライフスタイルも多様化する中，消費生活者と密な関係を築くことが今の時代にこそ求められるが，企業と消費生活者の新たな関係性構築の成功事例のひとつである。

図表14-6　熱狂度

【熱狂度】
あなたにとって「よなよなエール及びヤッホーブルーイングの製品」はどのような存在ですか。 あなたのお考えに近いものをお選びください。

熱狂（Hight）	1	すっかりハマっている（夢中だ、ぞっこんだ）
	2	愛着を感じながら使用している/飲んでいる（幸せを感じる）
中立（Middile）	3	好きで使用している/飲んでいる
非熱狂（Low）	4	悪くないと思いながら使用している/飲んでいる（そこそこ満足）
	5	なんとなく使用している/飲んでいる

出所：佐藤潤[2021]『18年連続増収を導いたヤッホーとファンたちとの全仕事』p.163

同社は，ECで商品を販売するだけでなくリアルイベントなどを通じて，ファンとの強固な関係づくりのため社内にファンづくりユニット（組織）を立ち上げている。これは，今後のマーケティング・コミュニケーション手法といえるものであり，企業が取るべき策に大いに役立つのではないだろうか。

4　成功の循環（組織論の観点からのベンチマーク）

企業と顧客のより良い関係をどのように創造してゆくか，そのベンチマークとなるモデルを紹介する。それは，「成功の循環（Theory of Success）」でMIT組織学習センター共同創始者のダニエル・キム氏によって提唱されたモデルであり，これまで多くの組織開発の実践の中で活用されてきた，組織が長期的に成功し続けるための手法概念である。図表14-7にあるように，4つの質（関係の質，思考の質，行動の質，結果の質）から構成される。そして，どの質を最初に高めるかによって，成果が出ない「バッドサイクル」か，成果が上がる「グッドサイクル」になるかが変わるという概念である。

図表14-7　組織の成功循環モデル

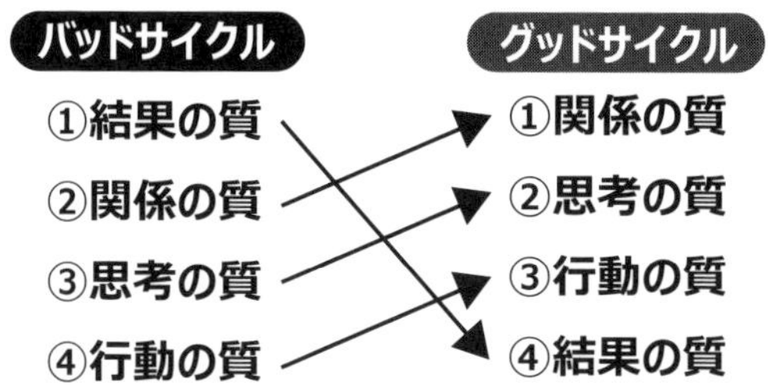

出所：大島作成

組織は，往々にして「結果の質」を向上させようとする。例えば売上，客数などである。この場合，未達に終わると組織全体の士気が低下傾向になる。また，未達の要因を特定するために，取り巻く環境の問題であったり，最悪の場合，他部門の責任にしたりすることになる。そうすると組織間の関係性は悪くなり，考え方（思考）はネガティブに，行動は受け身となり，その結果，当然のごとく良い結果が出ない組織になる。これがバッドサイクルである。

一方，グッドサイクル（良い結果を出す）は，まず，組織内の関係づくりを重視する。良い関係がつくられると考え方もポジティブになり，主体的な行動が増え，他部門や周りの人のことも考えられ，結果，その組織は，より良い結果が導き出せるということである。さらに良い結果によって，組織全体は活性化され，関係の質もますます高まることになる。

図表14-8　関係の質：ベンチマーク

レベル	プロパティ	説　明
1	挨拶	お互いに自然な挨拶をしている度合い
	声掛け	誰とでも軽い世間話をしている度合い
2	つながり	普段から気兼ねなく話せる人の多さ
	会話量	職場での会話量の多さ
3	ありがとう	感謝の言葉が自然に出ている度合い
	活気	職場の明るさやみんなの表情の柔らかさ
	尊重	役職や経験にかかわらず、お互いが一人の人間として関わり合っている度合い
4	背景理解	相手の仕事や状況を理解し合っている度合い
	率直さ	自分の考えや気持ちを素直に伝え合っている度合い
	横断	違う仕事や他の部署の人たちとのつながりやコミュニケーションの度合い
5	一体感	仕事への想いやビジョンを共有している度合い
	協働	既存の役割や立場を超えて協力し合っている度合い
	信頼	お互いを信じ、受容し合っている度合い
	越境	今までの習慣や活動の領域を超えて社外の人々と関わり合い、ビジョンを語り合っている度合い

出所：株式会社ヒューマンバリュー
https://www.humanvalue.co.jp/keywords/theory-of-success/　閲覧日2023年4月2日

つまり,「結果の質」を高めるためには, まず,「関係の質」を高めることである。この方法は一見遠回りしているように見えるが, 継続的に良い結果を導くにはこのような手順が望ましい。「関係の質」を高めないまま「結果の質」を高めようとしても, 一時的には結果がともなっても継続的には困難である。

この概念を用い社会を構成する企業と消費生活者（顧客含む）の関係づくりに適用してみる。組織において「関係の質」を高める目安となる項目を整理したものが図表 14-8 である。

この関係性の質をベンチマークとして, 5 段階に再整理して論じる。まず, 1. お互いの存在を認識するレベル（ファーストコンタクトから来店, サイト訪問,アプリ登録, 購入など), 2. 友人初期のレベル(気兼ねなく対話, 雑談するなど), 3. 交流レベル（対話頻度が高まり, 相互のキャラクターを認識するなど), 4. 親友レベル, ファンレベル（贔屓, 優先する, 継続購入するなど), 最後の 5. パートナー, 同志レベル（協働・共創する, 推し活など）となる。

特に 4. や 5. の関係では情報交流が主となり, その中のひとつの行動として購入, 来店・利用などに結び付くということである。つまり, 関係の質を継続的に高めることで, それに連動して思考の質（態度変容), 行動の質（行動変容）も高まり, より良い結果が期待できるという成功の循環である。ここでも企業と消費生活者の「つながり」「関係」が重要であることがわかる。

・参考文献

株式会社電通 [2023]「2022 年　日本の広告費」

株式会社ヒューマンバリュー
https://www.humanvalue.co.jp/keywords/theory-of-success/　閲覧日 2023 年 4 月 2 日

佐藤潤　[2021]『18 年連続増収を導いたヤッホーとファンたちとの全仕事』日経 BP, p.163

菅原正博, 山本ひとみ, 大島一豊 [2012]『メディア・ブランディング－新世代メディア・コミュニケーション』中央経済社

第 15 章 ■ デザイン経営の階層モデル 2.0（マーケティングとデザインの知識融合）

1　デザイン経営の階層モデル 1.0 から 2.0 へ

図表15-1　デザイン経営の階層モデル

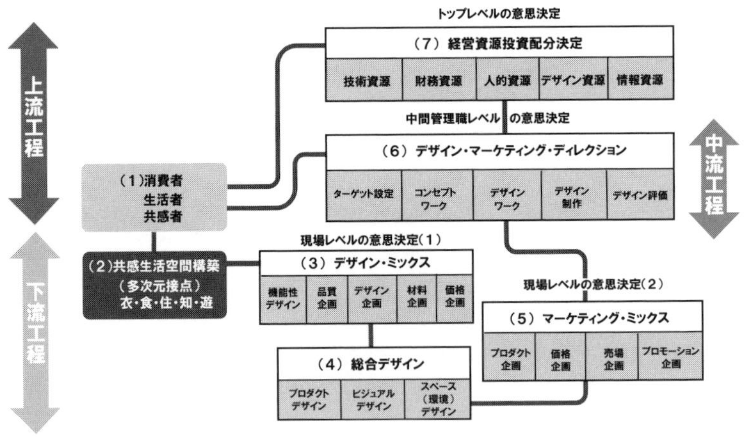

出所：菅原正博[1991]「デザイン・マネジメントの体系化－デザインとマーケティングの知識融合」The Structuring of Design Management 宝塚造形芸術大学　紀要 NO.5 p.77　大島追記

「デザイン経営」とは，経営戦略の中心にデザイン（広義の意味）を添えることであり，それは製品のカタチ，色，装飾など表層的なデザインだけでなく，パッケージ，広告，売場，顧客とのあらゆる接点を企業組織の上流工程（社長，役員クラス），中流工程（部門責任者クラス），下流工程（現場，最前線）全体で計画，マネジメントすることである。

デザイン・マネジメントを体系化する場合，基本的には図表15-1で示したように7つの基本的なモジュールを含んでいる必要がある。まず，（1）は企業が提供するデザインを受け入れる立場にある消費生活者が含まれていなければならない。この消費生活者はデザインのメッセージを活用する生活者または共感者といえる。（2）は共感生活空間構築である。消費生活者が自ら生活をより豊かなものにするために生活空間を共感の持てる環境に変えていきたいという強い願望部分を分析しなければならない。

これらを起点として，（3）デザイン・ミックスは，具体的なデザインワークをする企画機能に該当する。ここでは消費生活者起点に基づいて機能性，品質，デザイン，材料・素材，価格のバランスを良くする必要がある。この段階でマーケティング活動とデザイン企画のワークレベルでの知識融合が行われる。さらに（4）の総合デザインに統合する必要がある。これは単にデザインワークをプロダクトデザインに反映させるだけでなく，ビジュアルやスペース，空間に波及させ，（5）のマーケティング・ミックスでは市場に向けてのプロダクト企画，プロモーション企画，売場企画，価格企画が含まれ，消費生活者に向けてコミュニケーション・メッセージへと翻訳することになる。

次の（6）デザイン・マーケティング・ディレクションは，これまで説明してきた（1）消費生活者，（2）共感生活空間構築，（3）デザイン・ミックス，（4）総合デザイン，（5）マーケティング・ミックスといったデザインとマーケティングの現場レベルでの意思決定とコミュニケーションの作業レベルを目的・目標通りに実行させるプロジェクト・マネジメント・レベルのモジュールである。つまり，現場レベルの共通目標となるターゲット設定，コンセプトワークからデザイン評価まで，計画およびコントロールするマネジメント業務が主体となる。組織として中流工程に位置付けられるこのデザイン・マーケティング・ディレクションは，デザイン・マネジメントの組織運営にとっての中枢的役割を担う。このようなディレクター・クラスが消費生活者の生活空間構築ニーズを十分に把握し現場レベルの意思決定に責任を負っている。そして，デザイン・スタッフやマーケティング・スタッフをチーム化して効率よく運営するように，上流工程ではデザインを経営資源としてどれだけ投資してゆくのかを意思決定する必要がある。それが（7）の経営資源投資配分決定に該当する。

図表15-2　市場に向けて組織機能を発揮

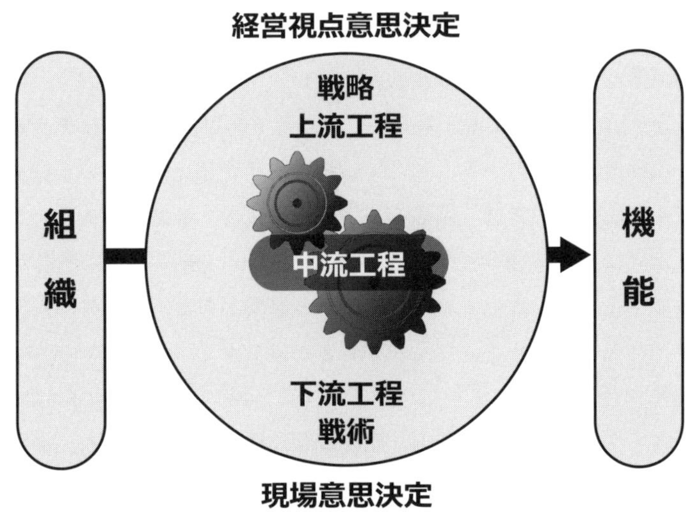

出所：大島作成

ここで重要なのは，トップレベルの経営戦略を組み立てるために（1）の消費生活者や（2）の生活空間・市場の競争環境の変化に対応して中長期的なマーケティング情報を分析し，デザイン戦略にそれらを反映させ，戦略形成を行う部分にもデザイン・マネジメントが積極的に関与できるように組織化を図っていくことである。つまり，7つのモジュール全体において（1），（2）の消費生活者に関わることで，組織の上流工程，中流工程，下流工程全体が目標達成に向けた組織機能を発揮するのである（図表 15-2）。

2　デザイン経営 2.0 マネジメントモデル

今日，産業界で注目されるアジャイル（agile），その名詞形であるアジリティ（agility）とは，敏捷（びんしょう）性，機敏性という意味である。特に IT やビジネスでは，方針の変更やニーズの変化に機敏に対応する能力を意味する。激しく変化する環境に対して組織は，目的，目標，あるべき姿に向けて常に改善，進化しなければならないということで注目されている。そこで，デザイン経営を実践するために組織は，アジャイル対応できなければならない。そのためのマネジメントモデルが革新型企業のマネジメント・システム（センス&レスポンス・スタイル）である。

図表15-3　デジタル化によるマネジメント・システム

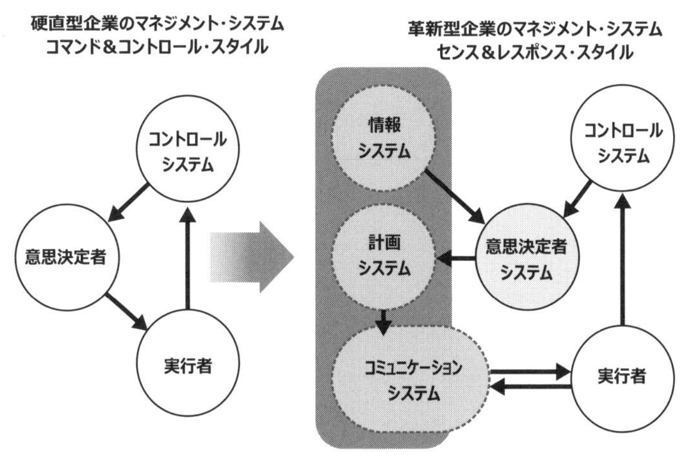

出所：菅原正博[1988]『戦略的マーケティング』 p.81，p.86

図表 15-3 は，菅原正博『戦略的マーケティング』で提言されている革新型企業のマネジメント・システムである。企業が継続的成長するために菅原は，「情報・計画・コミュニケーション」重視の「革新型企業のマネジメント・システ

ム　センス＆レスポンス・スタイル」を提案している。デジタル時代となった今，このマネジメント・システムが事業の成否に大きく影響する。革新型企業のマネジメント・システムでは，「情報」「計画」「コミュニケーション」といったマネジメント要素が非常に重視され，組織運営面でも意思決定権をできるだけ現場に近いレベルで，自主的にしかもスピーディーに意思決定ができるシステムが構築されている。また，上流工程，中流工程，下流工程との間には組織的な壁はほとんどなく，非常にフランクにコミュニケーションができる体制を確立している。どちらかといえば，縦系列の組織ではなく，横系列組織体制を志向している。現場に近いレベルでスピーディーに意思決定できる体制にするためには，情報システムと計画システムをより強化する必要がある。成長性のある分野でしかもリスクの少ない分野における計画案を意思決定者に提示する計画システムが必要である。

このように，組織の迅速な環境適応能力を高めるためには，企業において常に革新型の企業風土を維持し，硬直型風土に陥ることを極力避けるための戦略的リーダーシップを発揮する必要がある。デジタル時代のメディア・ブランディングでは消費生活者との関係の質を高め経験価値を向上する重要性を論じてきた。企業がこれを実践するには，菅原が提言する「革新型企業のマネジメント・システム　センス＆レスポンス・スタイル」への変革が急務である。

なぜならば，デジタル時代のビジネスは一層，時間そのものが重要なファクターであるからである。そして，この革新型マネジメント・システムをデザイン経営モデルに適合させると図表15-4のようになる。

これは，2021年8月に菅原がデザイン経営の階層モデル新バージョンとして示した概略図である。この図表の主旨は，まず顧客，生活者，消費生活者，共感生活空間がすべての上位に位置付けられ，その重要性がさらに強調されている。次に経営トップの意思決定，中間管理職の意思決定，現場レベルの意思決定は統合され，これをデザイン経営2.0フラットモデルと呼ぶ。

図表15-4　デザイン経営2.0フラットモデル

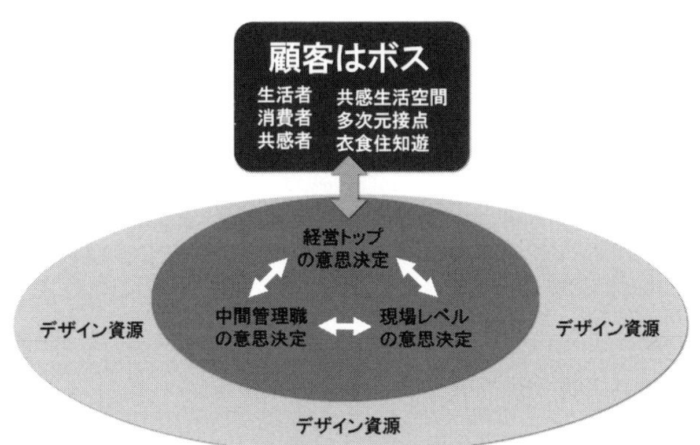

出所：菅原正博作成（2021年8月）　大島追記

3　デザイン経営 2.0 時代の人材スキル

デジタル時代にマッチしたデザイン経営を実践してゆく力量は 3 つの in にまとめられる。まず，insight（兆候，変化，本音を掴む）である。第 1 に企業を取り巻く環境的乱気流をマクロ的に捉えながらのターゲットインサイトがコミュニケーションの成否を握る。

近頃では，量的な調査もインターネットを活用して自社で簡単にできる環境にある。新しいリサーチ手法も次々と出てくるため，これらの情報も常にキャッチしておきたい。また，ターゲットインサイトの手法は，対象者の日常に同行しその都度ヒアリングするエスノグラフィやスマホなどで写真を撮って送ってもらうフォトダイアリー，言葉では表現しづらいイメージなどを把握するためにはフォトコラージュなどが注目されている。これらをネット上でクローズドなコミュニティの場を設けて実施する Marketing Research Online Community（MROC）などインサイトの手法はさまざまである。目的とコスト・期間（スケジュール）などを踏まえ，最適な手法を選ばなければならない。

自社を取り巻く環境的乱気流に関しても，過去の企業の大きな変革期の対応や，これからのグローバル社会において自社と関わる国やその情勢などを常にキャッチできるネットワークを整備しておくことも重要である。また，最低限自社の公式サイトには，あらゆるステークホルダーからの意見や要望，問い合わせに対応できる機能がわかりやすく装備されている必要がある。こういった直接対話の機会やそれらによって蓄積される情報は，すべて経営資源となり意思決定のための貴重な情報源となる。

次に influence（影響力を持つ・知る）である。これには，２つある。ひとつは自部門や自分自身が社内影響力を持つことである。大規模企業では各地域に広がる各部門の情報，各フロアに広がる組織の動きをキャッチすることである。年に１回，２回は直接顔を合わせて対話をしたい。情報を得ることと何かの折に協力・支援してもらえるような関係づくりが必要となる。

２つ目として，企業コミュニケーション活動において，そのターゲットに対するメディア＆コンテンツの影響力を把握しておく必要がある。一般的には，影響力は，ターゲットのメディア＆コンテンツに接する頻度，総時間，コンテンツの魅力度（ストーリー性やインパクト）をターゲット別に把握しておきコミュニケーション目的に応じてメディアの使い方をデザインする力量が問われる。

最後に inclusive である。インクルーシブ（包括的な）は，「共生」「共創」を意味する。ネットメディアの出現で企業と個人がいつでもどこでも直接対話が可能となり，これはコミュニケーションにおいて画期的なことである。また，従来からあるメディアと連動させることで何が可能となったのかという建設的な発想がますます必要となってきている（media to media：メディアからメディアへ拡散するなど）。

デジタル時代は，今までの不可能が可能となるのである。このようなクリエイティブな発想とその実践が大切なのである。

企業コミュニケーションは，主に機能的価値，情緒的・感性的価値，社会的価値をそれぞれ伝え，リレーションズを持つことに集約される。そのコミュニケーションプロセスにターゲットや興味・関心層を取り込み，つながりを持ちながら「いっしょに」商品・サービス，市場を創造することである。

デジタルテクノロジーの進化にともないメディア環境は，「伝える」とともに「つながる」ことができるようになったことを再確認しておきたい。

そして，「つながる」ことで対話が可能となり，お互いの目的を共有しながらそれに向かって協力しながらそれらを達成することも，また，お互いの「思い」を感じる本来のコミュニケーションも可能なのである。こういう環境のもと，デジタル・メディア・マネジャーの力量としてこの 3 つの「in」が望まれる。

4　デザイン経営の未来とデジタル時代のメディア・ブランディング

図表15-5　ブランディング研究の進化過程
－デジタル時代のメディア・ブランディング－

	コミュニケーション目的	主体	メディア・プランニング	ブランディング	コミュニケーションコンテンツ要素	担当部門	ビジネス・モデル
～1990 年代	知名・認知 量・頻度	商品	マスメディア	物理的	論理性	広告宣伝部	間接時代の 広告モデル
2000 年 ～ 2010 年	知名・認知 動機づけ 集客数 反応数	施設・ 場所・ 店舗・売場	マスメディア ＋SP ＋インターネット	物質的	共感性	マーケティング部 （広告宣伝・ 営業推進、 販売促進部門）	間接時代の 広告モデル
2010年～ メディア・ ブランディング	つながり 関係性 好評判・ 好感度形成 絆づくり	ステーク ホルダー ファン	マスメディア＋ ダイレクト＋ 広報PR× 各デバイス 情報環境設計	感性的 情緒的	信頼性	経営企画部門 コーポレート・ コミュニケーション部	直接時代の ブランド・ ビジネス モデル
2020年～ デジタル・ メディア・ ブランディング	関係づくり	ファン・ コミュニティ 集い	あらゆる接点 メディア化 プラットフォーム	意味	参画・共創	組織全体	特定多数 コミュニティ ビジネスモデル

出所：菅原正博，山本ひとみ，大島一豊[2012]『メディア・ブランディング－新世代メディア・コミュニケーション』大島追記

図表 15-5 は，『メディア・ブランディング－新世代メディア・コミュニケーション』のブランディング研究の進化過程に，本書のタイトルである「デジタル・メディア・ブランディング」を追記したものである。この約 10 年間でのメディアを取り巻く環境の変化はひとことでは表現できないほどである。むしろ変化

というより，すでに過去の延長線では語りきれないと言ったほうが良いだろう。LINE，instaguram，TikTok，音声 SNS Clubhouse など新しい SNS が台頭し，さらにたくさんのマッチングサイト，コミュニティサイトが立ち上がり，ここ数年はクラウドファンディングなども注目されている。

さらに米国の OPEN AI 社が開発した“AI（人工知能）を使ったチャットボット”である Chat GPT ／(チャットジーピーティー) が 2022 年 11 月発表，2023 年 3 月にバージョンアップされマスメディアのニュースなどでたいへん話題となり，バラエティ番組でもたびたび取り上げられひとつのコーナーが成立していたほどである。

図表15-6　デジタル時代のコミュニケーション・デザイン

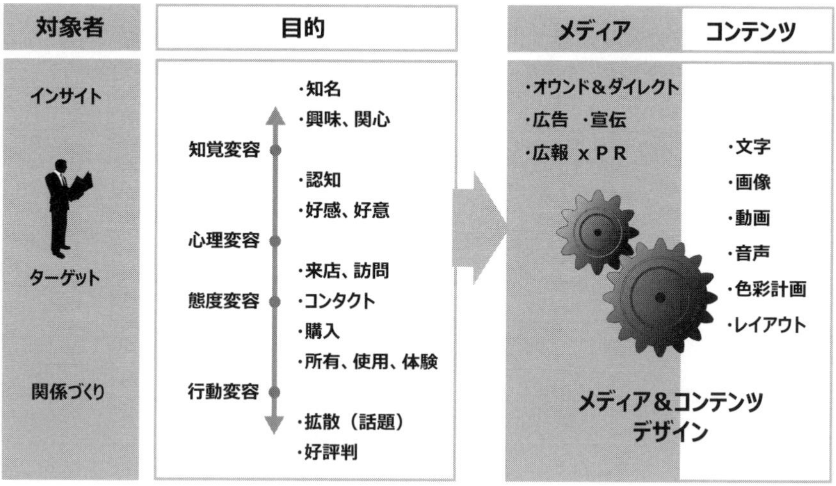

対象者
インサイト
ターゲット
関係づくり

目的
知覚変容
・知名
・興味、関心
心理変容
・認知
・好感、好意
態度変容
・来店、訪問
・コンタクト
・購入
・所有、使用、体験
行動変容
・拡散（話題）
・好評判

メディア
・オウンド＆ダイレクト
・広告　・宣伝
・広報 x P R

コンテンツ
・文字
・画像
・動画
・音声
・色彩計画
・レイアウト

メディア＆コンテンツ
デザイン

出所：大島作成

デジタル時代のメディア・ブランディングでは，第 13 章で触れたようにコミュニケーションの最終目的は，より良い関係づくりにある。そして，あらゆるものがメディアとなり，コンテンツに意味価値が求められる。結果，共感されることでそのコミュニティはエンゲージメントが形成される。そのコミュニティは，マーケットにもなり，メディアにもなり得るのである。

このような時代になるとメディア・プランニングは大きく 3 つのフェイズでデザインする必要がある。第 1 は，知名・認知から購入まで，第 2 は使用から体験，第 3 が体験から認知へつなぐフェイズである。それぞれのフェイズにおいて図表 15-6 にあるようにターゲットインサイトモジュール，目的設定モジュール，メディア＆コンテンツデザインモジュールの順で設計するということになる。

かつてのマスメディア中心, IMC 時代のあらゆるメディア＆ツールのビジュアル統合などメディア優先，ビジュアル優先，ネットメディアの活用という手法発想ではなく，デジタル時代のメディア・ブランディングは，ターゲット設定，コミュニケーション目的を決定し，そのために有効なメディアとコンテンツを設計するコミュニケーションの原点に戻る必要がある。

内閣府は，第 5 期科学技術基本計画（平成 28 ～平成 32 年度）において目指すべき未来社会の姿を Society5.0 として提唱した。サイバー空間(仮想空間)とフィジカル空間（現実空間）を高度に融合させたシステムにより，経済発展と社会的課題の解決を両立する,「人間中心の社会」としている。これまでは，狩猟社会（Society1.0），農耕社会（Society2.0），工業社会（Society3.0），情報社会（Society4.0）と社会の発展に寄与する経済活動そのものが中心となって表現されていた。しかし，Society5.0 は，それらを享受する人間中心の社会という表現となった。これには当然のように AI を始めとしたデジタルテクノロジーの進化がその背景にあるが，すべては「人のため」であることが強調されている。

メディア・コミュニケーション界も同様で，より良い社会の実現に向けてひとり一人の生活の質的向上，安全・安心で快適で心地よく，楽しい日常を送るために消費生活者と企業の情報交流が大切な時代となってきた。

最後にデジタル時代のメディア・ブランディングを定義しておきたい。

図表15-7　デジタル時代のメディア・ブランディングの定義

Definition of Digital Media Branding

デジタル時代のメディア・ブランディングは、事業、商品・サービスにおけるブランディングやマーケティング戦略において、デジタルテクノロジーを最大限駆使し、社会環境を分析、ターゲットとファンへの最適なコンタクトポイントとなるように各メディア、ツールとコンテンツを設計すること。
さらに、その実践とターゲットとの関係の質を高めながら継続的に市場拡大にむけてマネジメントすることである。

Communication Design

出所：大島作成

・参考文献

菅原正博［1988］『戦略的マーケティング』中央経済社
菅原正博［1991］「デザイン・マネジメントの体系化－デザインとマーケティングの知識融合」The Structuring of Design Management 宝塚造形芸術大学　紀要 NO.5 p.77
菅原正博，山本ひとみ，大島一豊［2012］『メディア・ブランディング－新世代メディア・コミュニケーション』中央経済社
内閣府 Society5.0
https://www8.cao.go.jp/cstp/society5_0/　閲覧日 2023 年 3 月 26 日

索　引

ベーシック＋プラス

Basic Plus

いま新しい時代を切り開く基礎力と応用力を兼ね備えた人材が求められています。
このシリーズは，各学問分野の基本的な知識や標準的な考え方を学ぶことにプラスして，一人ひとりが主体的に思考し，行動できるような「学び」をサポートしています。

ベーシック＋専用HP

教員向けサポート
も充実！

中央経済社

一般社団法人 日本経営協会【編】

マネジメント検定試験 公式テキスト

マネジメント検定試験とは

▶経営・マネジメントに関する知識・能力を判定する全国レベルの検定試験です。

▶個人・法人問わず，スキルアップやキャリア開発などに幅広く活用されています。

▶試験のグレードがあがるほど，ビジネスシーンでの「実践力」「対応力」が身につきます。

経営学の基本
（Ⅲ級）

マネジメント実践 1
（Ⅱ級）

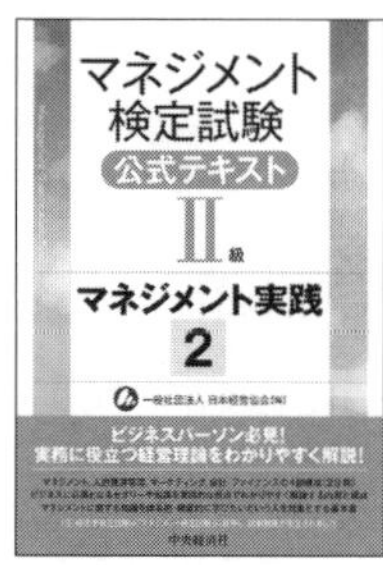

マネジメント実践 2
（Ⅱ級）

中央経済社

み

め

ら

＜執筆者紹介＞

神田　將志（かんだ　まさし）　第6，7，8章

山陽学園大学地域マネジメント学部地域マネジメント学科准教授

岡山大学大学院社会文化科学研究科修士課程修了（経営学修士 MBA）

株式会社岡山毎日広告社（現・株式会社ビザビ），同社研究機関岡山情報文化研究所上席研究員を経て現職。岡山大学大学院社会文化科学研究科博士後期課程在学中。主な研究テーマは，地域のマーケティング，地域の消費者行動，地域デザイン。地域デザイン学会，日本計画行政学会，日本経営診断学会，日本マーケティング学会，ファッションビジネス学会，コミュニティ政策学会，日本ダイレクトマーケティング学会，人を大切にする経営学会会員。

和田　康彦（わだ　やすひこ）　第9，10，11，12章

関西大学社会学部卒業後，広告制作会社を経て株式会社千趣会入社。ベルメゾンカタログの媒体プランニング，ブランディング，マーケティング，ライフスタイル研究を担当。京都精華大学非常勤講師（ライフスタイル論 2018年4月～），日本ダイレクトマーケティング学会，日本ファッションビジネス学会会員。和田マーケティングデザイン研究室主宰。株式会社 Rebe プロデューサー。

鶴　鉄雄（つる　てつお）　図表デザイン作成

グラフィックデザインの実務を行った後に，兵庫県立大学大学院応用情報科学研究科博士後期課程修了（応用情報科学博士）。神戸国際大学非常勤講師（アートマーケティング 2022年4月～），文化ファッション大学院大学（経営情報システム，ファッションテック 2022年度），上田安子服飾専門学校非常勤講師（コンピュータ演習 2020年4月～）。日本感性工学会，ファッションビジネス学会会員。

＜編著者紹介＞

山本　ひとみ（やまもと　ひとみ）　はしがき，序章，第5章

神戸国際大学経済学部教授 / 芸術学修士

宝塚造形芸術大学（現・宝塚大学）大学院造形研究科博士前期課程修了

株式会社 FBO（ファッションバイングオフィス）取締役東京支店長を経て，1992 年有限会社フィールプランを設立し代表取締役を務める。京都産業大学，平安女学院大学，大手前短期大学等多数の大学の非常勤講師を務めた後, 2016 年神戸国際大学に就任。主な著書:『ファッションアドバイザー入門』等入門シリーズ 3 冊，『VMD に強くなる本』等強くなるシリーズ 2 冊,『ショップマスター読本』チャネラー。『次世代マーケティング』等 MBA シリーズ 5 冊,『メディア・ブランディング』等ブランディングシリーズ 4 冊，中央経済社。ファッションビジネス学会（理事・本部研究会委員長），日本感性工学会，日本繊維製品消費科学会正会員。

大島　一豊（おおしま　かずとよ）　第 13，14，15 章

国際ファッション専門職大学教授 / MBA in Design

1981 年東海大学文化社会学部広報メディア学科卒業。2006 年宝塚造形芸術大学大学院デザイン経営研究科デザイン経営修士（専門職）修了。大学卒業後，マーケティング企画会社，株式会社朝日広告社を経て 2004 年に起業。有限会社マーケティングメソッド研究所代表取締役。デジタルハリウッド大学大学院客員教授などを経て 2019 年 4 月より現職。主な著書：『メディア・ブランディング』等ブランディングシリーズ 4 冊，中央経済社。『オウンドメディア研究会：研究報告書 2 』アマゾン POD,『300 h .』静岡学術出版, 日本ダイレクトマーケティング学会（関西部会副部会長），日本広報学会，ファッションビジネス学会，日本感性工学会会員。

一般社団法人国際 CCO 交流研究所理事。

山本　誠一（やまもと　のぶただ）　第 1，2，3，4 章

立命館大学 OIC 総合研究機構教授

独立行政法人中小企業基盤整備機構 中小企業アドバイザー

関西学院大学専門職大学院経営戦略研究科専門職学位課程（MBA）修了

株式会社 I&S BBDO，トランス・コスモス株式会社ほかを経て，2019 年 4 月大阪国際大学経営経済学部経営学科に就任後，2023 年 4 月より現職。

主な著書：『地域創生の戦略と実践』晃洋書房，『響創する日本型マーケティング』関西学院大学出版会，『自社サイトを“コスト”で終わらせないために　ウェブ解析士の事例発表集』シリーズ（3)，(5)，(7)，(事例集セレクト)，(14)，(38）6 冊，kindle 出版。日本商業学会，日本マーケティング学会, 日本中小企業学会, 実践経営学会, ファッションビジネス学会会員。

デジタル・メディア・ブランディング
■消費生活者起点のマーケティング・コミュニケーション

2023年12月10日　第１版第１刷発行

編著者　山本ひとみ
大島一豊
山本誠一
発行者　山本継
発行所　㈱中央経済社
発売元　㈱中央経済グループパブリッシング

〒101-0051　東京都千代田区神田神保町1-35
電話　03（3293）3371（編集代表）
03（3293）3381（営業代表）
https://www.chuokeizai.co.jp
印刷／文唱堂印刷㈱
製本／㈲井上製本所

©2023
Printed in Japan

＊頁の「欠落」や「順序違い」などがありましたらお取り替えいたしますので発売元までご送付ください。（送料小社負担）

ISBN978-4-502-47591-7　C3034

JCOPY〈出版者著作権管理機構委託出版物〉本書を無断で複写複製（コピー）することは，著作権法上の例外を除き，禁じられています。本書をコピーされる場合は事前に出版者著作権管理機構（JCOPY）の許諾を受けてください。
JCOPY〈https://www.jcopy.or.jp　eメール：info@jcopy.or.jp〉